Das Handwerk des Lebens Erlernen

AF239510

Manfred Kranz

Das Handwerk des Lebens Erlernen

Protokollnotizen aus der Arbeit
einer berufsbildenden Schule

Bibliografische Information der Deutschen Bibliothek
Die Deutsche Bibliothek verzeichnet diese Publikation in der
Deutschen Nationalbibliografie; detaillierte bibliografische Daten
sind im Internet über *http://dnb.ddb*.de abrufbar.

© 2011 by Manfred Kranz
Layout & Satz: J2P Berlin
Umschlaggestaltung, Druck und Verlag: Books on Demand, Norderstedt
ISBN

In tiefen Schichten (Kreidezeichnung von Gregor Krauskopf)

Inhaltsverzeichnis

Vorwort

Einige Wochen nach Ende des Zweiten Weltkrieges nahm die „**Arbeitsbau-schule von Groß-Berlin**" ihre Arbeit auf. Zwischen den Trümmern der Stadt vagabundierten über 20.000 arbeitslose Jugendliche. In zehn, später in sieben Berufen bildete man junge Menschen zu Baufacharbeitern aus. Zwanzig Jahre später veränderten sich die gesellschaftlichen Verhältnisse. Die Ausbildungskapazitäten der wieder erstarkten Wirtschaft machten die Schule überflüssig. Weitere zwanzig Jahre später – in Zeiten der Globalisierung – beklagte man wieder einen starken Ausbildungsmangel. Die Schule stellte sich als ein stabilisierender Faktor dar, ihre Existenz über sechs Jahrzehnte ist als ein großer Erfolg zu werten.

Außerdem gingen von ihr Impulse für die Gestaltung eines zeitgemäßen Ausbildungssystems aus. Heute wird traditionelle, an starren Ausbildungsordnungen orientierte Berufsausbildung in Frage gestellt. Ausbildungs- und Beschäftigungssektor lassen sich nicht mehr aufeinander abstimmen. Viele gut ausgebildete Facharbeiter sind arbeitslos. Moderne Berufsausbildung muss sich mit anderen Maßstäben messen lassen. Jede Generation stellt ihre Fragen und sucht nach plausiblen Antworten. Es geht darum, eine tragende, zukunftsorientierte Idee umzusetzen.

Die ehemalige Otto-Bartning-Schule meint, einen klärenden Beitrag zur beruflichen Bildung liefern zu können. Selbstverständlich werden handwerkliche Fertigkeiten und Tugenden geschult. Darüber hinaus geht es für die Jugendlichen darum, das **Handwerk des Lebens** zu erlernen. Für die pragmatisch eingestellte Berufsschuljugend bedeutet Lebenshilfe, über nützliche Daseinstechniken zu verfügen, um in unserer leistungsorientierten Gesellschaft bestehen zu können. Damit beschäftigt sich das vorliegende Buch. Seine Entstehung verdankt es

- Schülern, Auszubildenden und Praktikanten, die aufgeschlossen und lernmotiviert waren,
- Kollegen und Mitarbeitern, die mehr als ihre Pflicht taten,
- Journalisten von Zeitungen (Tagesspiegel, Berliner Morgenpost, Volksblatt Berlin), die über die schulische Arbeit objektiv und wohlwollend berichteten.

Allen ein herzliches Dankeschön für die Zeit gemeinsamen Schaffens!

Berlin, 20. Dezember 2010   Manfred Kranz, Schulleiter i.R.

1. Da also stehen wir

„Wenn am Ende dieses Krieges, einst am Tag des großen Sieges, unser Führer um sich schaut ..." Wie ein umherstreunender Hund wird man von Erinnerungen umkreist. die man vergeblich versucht auszulöschen. „Der Führer" wollte sich das schneidige Lied im Sportpalast von seiner Hitler-Jugend vorsingen lassen. Zwischen Fanfarenstößen berichteten Ritterkreuzträger von ihren Heldentaten, wie man einen Panzer knackt, ein Flugzeug abschießt, ein Schiff versenkt. Dabei wurde es nach Stalingrad für die meisten Deutschen zu einer belastenden Gewissheit, dass der Krieg verloren war. Deshalb erschien der „Führer" nicht mehr in der Öffentlichkeit, sondern nur sein Stellvertreter. Man kannte keinen Pardon, junge Menschen, die schnell wie Windhunde, zäh wie Leder und hart wie Kruppstahl sein sollten, in einer längst verlorenen Schlacht Siegeswillen zu demonstrieren. Bis ans bittere Ende galt die Angst einflößende Parole: Sieg oder bolschewistisches Chaos!
Im Herbst 1943 begannen die schweren Luftangriffe auf unsere Stadt.
Vor dem Winter wurden wir das erste Mal ausgebombt. Nach mehreren Umzügen „befreiten" uns Sowjetsoldaten im Mai 1945, wir hatten den Krieg überlebt. Von meinem Vater konnten wir das nicht sagen, sein letztes Lebenszeichen erhielten wir aus Stalingrad. Bei seinem letzten Heimaturlaub legte er uns nahe, in unsere Laube zu ziehen. Seinem Rat folgend verließ unsere Familie die Ruinenfelder: Mutter und Schwester, ich zog meine kranke Oma auf dem Böllerwagen aus der zerstörten Stadt in die nahe gelegene Laubenkolonie.
Die Laube war zu einem Viertel unterkellert. Wenn man in der Küche eine Platte hochklappte, musste man eine Stiege hinunterklettern. Bis Kriegsende war es neben anderen Unterschlüpfen das Versteck eines jüdischen Jungen. Danach diente es als sicherer Fluchtort für Frauen. So entkamen sie den siegestrunkenen Rotarmisten. Der Verlust meiner Gitarre und meines Fahrrades schmerzte mich. Die leichte Holzbauweise der Hütte brachte uns vor allem im ersten Winter Probleme. Nachts fror das Wasser, der eiserne Ofen wollte ständig bestückt werden. Wie war es möglich, dass jemand dieses Verließ über zwei Jahre als Unterschlupf – wenn auch nur sporadisch – genutzt hatte? Wer hatte den Verfolgten mit Essbarem und Brennmaterial versorgt? Erst nach Kriegsende erfuhr ich von den Heimlichkeiten meiner Mutter und meiner älteren Schwester. Später bekam ich das Rad meines im Krieg vermissten Onkels. Am Gepäckträger wurde der Böllerwagen montiert, ein von allen begehrtes Transportmittel. Ich träumte von einem Motorrad mit Beiwagen. Fast drei Jahre lang war meine Mutter Trümmerfrau. Aus den Ruinen suchte man brauchbare Ziegel, putzte und stapelte sie. Auf mein Drängen besorgte sie mir einen Job in einer Abrisskolonne. Durch Fälschen meines Geburtsdatums entging ich der Schulpflicht. Ich fühlte mich als Familienoberhaupt, nicht als Schüler.
In der Ruinenlandschaft richtete man eine Baustelle ein. Das war sensationell, denn Steine gab es, aber kaum Zement, Holz und Stahl. Immer wieder umkreiste ich den Bauzaun und das Schnurgerüst. Während der Arbeitspausen gelang es mir, mit einem Zimmermann ins Gespräch zu kommen. Manchmal hatte ich das

Gefühl, ihn mit meiner Fragerei zu nerven. Leider verpasste ich das Richtfest, aber zum 25. September 1949, 14 Uhr nahm mich meine Mutter zur Einweihung des Bauwerks mit. Als Gemeindemitglied hatte sie sonntags Steine geklopft. Nun erst erfuhr ich durch die Ansprache eines Pastors, dass es sich um eine Notkirche handelt und sie den Namen **Offenbarungskirche** trägt.

Offenbarungskirche

Nach dem Pastor sprach der Architekt. Mein Freund informierte mich, dass es der bekannte **Kirchenbaumeister Otto Bartning** ist. Einige seiner Worte gruben sich in mein Gedächtnis. Er sprach über den Saalbau mit dem polygonalen Chorabschluss, über die Holzbinderkonstruktion mit den Spitzbögen, über das umlaufende Fensterband unter dem Satteldach. Mir wurde ein Raumerlebnis zuteil, was ich noch nie erlebt hatte, meine Sinne wurden für die Architektur sensibilisiert.

Nach den Feierlichkeiten schob mich mein Freund hinüber in das angrenzende Gemeindehaus. Es gab eine Erbsensuppe mit einer Scheibe Schwarzbrot. Er legte mir einen Zettel auf den Tisch und sagte: „Im Bezirk Tiergarten gründet man eine Arbeitsbauschule. Wenn du einen Bauberuf erlernen willst, dann solltest du dich dort umgehend anmelden." Ich bekam Schluckbeschwerden: Seit über zwei Jahren suchte ich wie über 20 000 andere Jugendliche eine Lehrstelle – und nun hatte ich eine echte Chance? Der Zimmermann hatte andere Verpflichtungen. Ich ging noch einmal in das Kirchenschiff zurück. Auf der Rückseite des Zettels notierte ich Bartnings Worte, die mir im Gedächtnis waren:

Hier also stehen wir, hinter uns die Fülle des Gewesenen,
Vor uns die die Fülle des Möglichen.

Ich empfand den Aufforderungscharakter dieser Worte: Nimm dein Leben in die Hand, tu etwas! Für mich bedeutete es, aufgrund handwerklicher Fertigkeiten und Kenntnisse verantwortungsvoll meinen beruflichen Weg zu gehen. Ich nahm den Zettel in die Faust, um ihn nicht zu verlieren. Gleich morgen früh wollte ich mich in der Arbeitsbauschule anmelden!

2. Berliner Jugend hilft sich selbst – Helfen wir alle unserer Jugend

Wir waren eine bunt zusammengewürfelte Truppe. Im Alter von 15 bis 20 Jahren, Abgänger oder Absolventen von Volksschulen, Realschulen oder Gymnasien. Wir hatten das große Los gezogen, eine Lehrstelle als Betonbauer bekommen zu haben. Für den Ausbau unserer zerstörten Stadt veranschlagte man einen Zeitraum von 50 Jahren. Unser Beruf war krisenfest. Die reguläre Ausbildungzeit betrug drei Jahre, die monatliche Ausbildungsvergütung war gestaffelt, begann mit 30,50 Mark im Monat.

Die meisten von uns nahmen die Klassengemeinschaft als eine wohltuende Schutzzone wahr. Über 80 Prozent waren Voll- oder Halbwaise. Viele waren belastet von traumatischen Erlebnissen in den Kriegs- und Nachkriegsjahren. Ottos Vater war im Krieg gefallen, auf der Flucht aus Ostpreußen verlor er seine Mutter. Nun lebte er mit seiner Schwester in einem Heim. Achims Vater kam verwundet aus dem Krieg wieder. Im Winter 1946 brach er zu einer „Hamsterfahrt" auf, von der er nicht zurück kam. Nun lebte Achim mit seiner Mutter und seinen drei Schwestern in einer Zweizimmerwolmung. Cletus hatte wie ich Abitur. Wir kamen dem Drängen von Otto und Achim nach, ihnen in der Baubude auf leeren Zementtüten Nachhilfeunterricht in Mathe und Physik zu geben. Cletus und ich hatten einen Draht zueinander. Später managten wir zwei Jahrzehnte die Otto-Bartning-Schule.

Unser Berufsschullehrer bemühte sich redlich. Wie die meisten seiner Kollegen studierte er noch an der Pädagogischen Hochschule. Seine Unterrichtätigkeit machte er nebenher ohne Fachbücher, mit Tafel und Kreide. In der fachpraktischen Ausbildung hatten es die Meister etwas leichter. Doch ihre Klientel hatte sich verändert. In der Kriegsindustrie befehligten sie „Fremdarbeiter", die zu funktionieren hatten. Nach dieser Pfeife tanzten wir nicht. Wir waren eingestimmt auf Lord Knut im amerikanischen Soldatensender AFN. Trotzdem imponierten einige mit ihren Fachkenntnissen. Der etwas klein geratene Meister Emil schlug einen Dreizoller mit dem Latthammer in 2,80 Meter Höhe ein. Die Pilzkopfverschalung mit ihren Kopf-, Fuß- und Gradschmiegen riss er an und schnitt sie Millimeter genau ohne abzusetzen mit dem Grünschneider.

Das Zitadellengelände mit den kriegszerstörten Gebäuden stellte ein ideales Trainingfeld für die fachpraktische Ausbildung dar. Leider war die Restaurierung auch mit Abriss- und Aufräumungsarbeiten verbunden. Vom „Gelben Schloss" (Haus VI) standen nur noch die Umfassungswände und die Treppenhäuser. Daneben gab es im Stadtgebiet mehrere Baustellen. Es waren fast ausschließlich Kindertagesstätten und Schulen. Bei der Einweihung eines Jugendheims hielt unser Bürgermeister die Festansprache. Nach dem Kriege sollte die Spandauer Zitadelle geschleift werden. Ernst Reuter verhandelte erfolgreich mit der britischen Besatzungsmacht.

Jürgen Grothe stellt in seinem Buch „Die Spandauer Zitadelle" fest:
„Am 23. Mai 1949 wurde der Schule offiziell die Zitadelle zugewiesen. Die Bauschüler standen vor keiner leichten Aufgabe. Fast alle Gebäude waren Teilruinen oder standen ihnen als historische Bauten nicht zur Verfügung. Die Berufsfachschüler bauten sich ihre Schule selbst. So wurde ein weitgehender Verfall verhindert. – Bereits im Juli 1950 fand das Richtfest für den Wiederaufbau der Kaserne an der Nordseite des Zitadellenhofes statt. 500 Lehrlinge im Alter von 15 bis 21 Jahre hatten unter der Aufsicht von 50 Lehrmeistern die Maurer-, Zimmerer-, Klempner-, Maler- und Tischlerarbeiten an dem 111 Meter langen und 15 Meter breiten Gebäude ausgeführt."
In die unteren Stockwerke wurden die Werkstätten für die Tischler und Zimmerer installiert, oben entstand ein Festsaal für 500 Personen, der nicht nur von der Schule genutzt wurde, ein vom „Lyons Club" gesponserter Clubraum, und es gab gefragte Raumangebote für Instrumentalmusiker, z.B. das Spandauer Blasorchester.
Eine recht gute Bausubstanz hatte das Haus XIV auf der Bastion Königin. Alle Gewerke waren emsig tätig, um es als Unterrichtsgebäude herzurichten. Kurtinenwände begrenzten die Pausenhöfe. Von den Baumkronen der Erlen beobachtete ein Uhu das rege Treiben. Es schien ihn zu langweilen. Was macht dann ein Uhu, insbesondere der vom Oberförster? Er dreht sich um!

Kaserne im Zitadellenhof, um 1950

12

Lehrlinge und Meister demonstrieren in den Jahren 1952 und 1953 am 1. Mai vor dem Reichstag. Die Handwerks- und Gewerbekammer hat die sofortige Auflösung der Berufsfachschule gefordert. Die existenzbedrohende Auseinandersetzung endet 1986, als im neuen Oberstufenzentrum Werkstätten geschaffen werden.

1999 bewarben sich für die 160 Plätze des ersten Ausbildungsjahres 2600 Mädchen und Jungen.

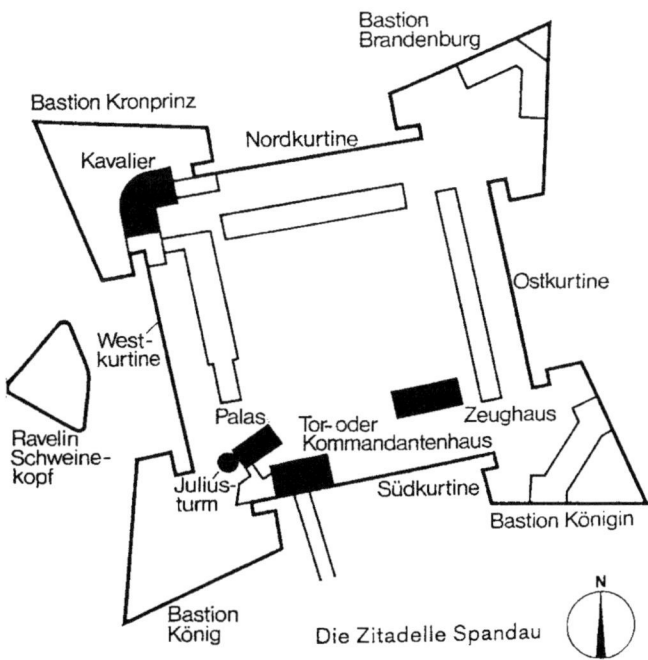

Die Zitadelle Spandau

3. Die Baubude

Der Budenfax hat zum Frühstück gescheppert. Der Mörtel wird durchgemischt, die Maurerkelle mit der Bürste gereinigt. Dann geht's hurtig in die Baubude. Nach dem Grundlehrgang hat mich der Meister zum Mauern der Ecke eingesetzt, hat mich gelobt: „Wenn du so weiter machst, kannst du den Pfeiler in Verblendern hochziehen!" Läuft alles wie geschmiert. So'n Lob hab ich in der Schule noch nie eingesteckt! Heute gibt's Knete, 75 Mark auf die Hand, 20 kann ich behalten als Taschengeld, den Rest bekommt Mutter. Die kriegt heute von mir wie meine kleinen Schwestern 'ne Tafel Schokolade. Soll mein Vater früher och jemacht haben. War Polier wie sein Vater. Mein Weg steht auch fest. Als Meister steht man sich nischt aus.

In der Pressluftbude is et eng. Am Bankende kann ick nur uf ener Aschbacke sitzen. Der eiserne Ofen spuckt heute janz schön. Der Budenfax hat ihn mit Holzabfällen gefüttert. Der Alte führt en strenges Regiment, sorgt für Zucht und Ordnung. Zum Feierabend müssen alle Tische und Bänke frei sein, die Klamotten hängen an den Nägeln, alle Schuhe im Gestell am Ofen. Tische werden abgewischt, die Bude wird ausgefegt. Allet wat rumliejt, kommt in de Kiste in't Magazin. Nach 2 Wochen wird's weggeschmissen. So einfach is det!

Natürlich hat man en Oge, wat die Kumpels allet so uff ihre Stullen haben. Die meisten haben für jede Pause drei oder vier Doppeldecker. Die Schwarzbrotscheiben sind bestrichen mit Blut- oder Leberwurst oder mit Streichkäse, manchmal och Harzer, selten Kartoffelpuffer oder gebratenes Ei, als Beilagen nach Saison Tomate, Gurke oder Apfel. Ab und an wird getauscht. Alles ist verpackt in ner Alu-Schatulle, nich wejen der Frischhalte, sondern wejen der Ratten und Mäuse. Sonst muss man seinen Brotbeutel frei im Raum aufhängen. Mit seine Wasserflasche prostet man sich zu, diskutiert Fußballspiele, verabredet sich zu Radtouren, lacht über Witze: „Er hielt den Pfahl und sagte: Immer wenn ich mit dem Kopf nicke, schlägst du drauf! – Er nickte nur einmal." Als einige zum Plumpsklo verschwinden hört man: „Ein Maurer erledigte sein Geschäft auf einem Klo ohne Rückwand. Wieso Schamgefühl, fragt er. Von hinten kennt ma keena, von vorne sieht ma keena!" Nach einer „Sitzung" oder zum Feierabend kann man sich an einem Hydrant die Hände waschen, zum Feiaabend och Hals und Jesicht.

Am 2. Berufsschultag versucht Peter uns Englisch zu lernen, deshalb singe ich so leis für mich hin: „I am on my way now, and I am happy!"

Lehrlinge restaurieren das Kommandantenhaus

4. Handwerkerjugend in der Zitadelle

(Veröffentlichungen in der IBZ)

Tischler

Obwohl die heutigen Bautischlereien vollmechanisiert sind, legt die Otto-Bartning-Schule auf die Handfertigkeiten den größten Wert. Erst viel später geht es an die Maschinen.

Maurer und Betonbauer

In modernen Werkstätten und luftigen Übungshallen erlernen die Lehrlinge ihr Handwerk. Zusatzpraktika ermöglichen ihnen den Einblick in andere artverwandte Bauberufe.

Bauschlosser

Mit jedem Schüler wurde ein Lehrvertrag abgeschlossen. Der „Schüler-Lehrling" hat dadurch das Recht, später vor einer Prüfungskommission seinen Facharbeiterbrief zu erwerben.

Zimmerer

Die Zimmerleute, denen hier am Modell die Dachkonstruktionen erklärt werden, machen in ihrer Lehrzeit ein 17wöchiges Zusatzpraktikum als Maurer, als Betonbauer, als Tischler und in der Metallbearbeitung mit.

Elektroinstallateure

An Übungswänden legen die Elektro-Lehrlinge ihre ersten selbständigen Anschlüsse. Bei ihnen kommt es besonders auf Genauigkeit und Exaktheit an.

Rohrinstallateure

So einfach die Arbeit des Rohrinstallateurs auch aussehen mag, sie ist im Baugewerbe eine der schwierigsten Lehren. Neben dem theoretischen Unterricht heißt es für die Schüler immer wieder: praktisch üben.

17

5. Kind gerettet

Gerald Köppen

Ulrich Kirschstein

Kind gerettet

Verzweifelt kämpfte gestern nachmittag der neunjährige Gerald Köppen im eisigen Wasser der Havel um sein Leben. Er war beim Spielen auf der Eisfläche eingebrochen. Erst nach über 15 Minuten konnte ihn der 34jährige Werklehrmeister Ulrich Kirschstein retten.

Gerald Köppen aus der Kinkelstraße 45 in Spandau war gegen 15 Uhr zur Zitadelle gelaufen. Obwohl sein Vater ihm das Spielen auf dem Eise verboten hatte. Der Neunjährige wagte sich zu weit hinaus. Gegenüber dem Hafenplatz brach er in der Fahrrinne ein. Schwimmend konnte er sich an der Oberfläche halten.

Ein Schüler hatte inzwischen den Werklehrmeister Ulrich Kirschstein aus der Otto-Bartning-Oberschule geholt. Nach über 15 Minuten gelang es dem 34jährigen Meister mit einer Leiter das Kind aus dem Wasser zu ziehen. Mit starker Unterkühlung wurde Gerald Köppen ins Krankenhaus eingeliefert. Aber es besteht keine Lebensgefahr. V. G.

Georg Röppn   Den 21. 12. 68

Sehr lieber Herr Rudestein!

Ihnen schreibt hier ein Großvater, dem in
Herzensbreite bewegt das Allerliebste, was
mir mein Leben noch nützlich erscheinen
läßt, entnommen worden wäre.

Wenn Sie nicht mit Ihrem Einsatz, unter
Mithilfe des Schülers Winfried W., meinem
Enkelsohn gerettet hätten. Leider kann ich
hier nicht zum Ausdruck bringen, welchen
unbezahlbaren Dienst Sie und Ihr Helfer
Winfried W. mir — dem Großvater — somit
geleistet haben. Meine ehrenden und freundlichen
Gedanken und meine dankbare Erinnerung die
sein, daß Sie ihn mir zurückgegeben und geschenkt
haben, und sein, solange ich lebe!

Ihr innig sehr verbundener

Georg Röppn.

Dankesschreiben des Großvaters an den Retter

Überall ist das Leben voll Heldenmut

Es ist verdammt kalt. Die Arbeiten auf den Baustellen mussten eingestellt werden. Die Jungens sind auf der Zita in der Halle, bekommen einen Lehrgang. Thema ist das Einschalen von Voutenbalken. Ich stehe mit ihnen am Schalungstisch. Wir reißen die Verstichmaße von Kopf- und Fußschmiegen auf. Plötzlich kommt der Lehrling Winfried in die Halle gerannt und schreit: "Meister, draußen ist einer ins Eis eingebrochen!" Ohne lange zu überlegen nehme ich die längste Holzleiter von der Wand. Wir schultern sie, er vorn ich hinten und rennen zum Ausfalltor der Bastion Brandenburg. Dort zeigt er auf die glitzernde Eisfläche: "Dort hinten an der Fahrrinne der Havel! Ist ein Junge, keiner von uns!" So schnell es geht laufen wir auf der glatten Eisfläche. An einer offenen, eisfreien Stelle sieht man Kopf und Arme eines kleinen Jungen. Wir schieben ihm das eine Leiterende hin, doch er reagiert nicht. Winfried meint: "Der ist schon abgetreten, außerdem sind seine Arme angefroren." Ich lege mich flach auf die Sprossen der Leiter. Am anderen Ende schiebt mich Winfried langsam an die Einbruchstelle. Der Junge ist völlig apathisch, seine Augen sind geschlossen. Ich schaffe es, ihn an beiden Schultern zu packen und schreie: "Zieh!" Das Eis knackt verdächtig, doch die Leiter gleitet langsam auf die tragende Eisfläche. Der Junge ist völlig erschöpft, er kann nicht mehr stehen. Winfried nimmt ihn auf den Arm. "In die Meisterbude und 112 anrufen", stoße ich hervor, bin so groggy, dass ich kaum die Leiter tragen kann.
Im Meisterbüro hat man den Jungen mit trockenen Tüchern abgerubbelt und in eine Decke gehüllt. Ein Feuerwehrmann kann keinen Blutdruck feststellen. Er sagt: "Wenn er durchkommt habt ihr ihn zweimal gerettet: Vom Tod des Ertrinkens und vom Tod des Erfrierens."
Er ist "durchgekommen". Sein Großvater hat einen Dankesbrief geschrieben. Ich bedanke mich, dass ich in meinem Leben die Chance bekam, einen Menschen zu retten.

6. Der Zweite Bildungsweg

Berufs- und Berufsfachschule für das Baugewerbe
Schule besonderer pädagogischer Prägung
Abteilung B: Berufsfachschule
Berlin-Spandau, Zitadelle

Abschlußzeugnis

Gerd Bitterhoff

geb. am *8. Juli 1942* in *Berlin-Wilmersdorf*

hat die Berufsfachschule in der Zeit vom *1. 4. 1957* bis *31. 3. 1960*

6 Halbjahre besucht und sich der Abschlußprüfung unterzogen.

Die Leistungen und Ergebnisse der Abschlußprüfung werden beurteilt:

Fachkunde	*gut*	Darst. Geom.	*befriedigend*
Fachrechnen	*befriedigend*	Techn. Rechnen	*gut*
Fachzeichnen	*sehr gut*	Algebra	*ausreichend*
Deutsch	*befriedigend*	Geometrie	*ausreichend*
Englisch	*ausreichend*	Chemie	*gut*
Gemeinschafts- kunde	*gut*	Physik	*befriedigend*
Geschichte		Leibesübungen	*befriedigend*
Erdkunde	*gut*	Fachpraktische Ausbildung	*befriedigend*
Geomet. Zeichn.	*befriedigend*	Führung des Berichtsheftes	*befriedigend*

Führung: *gut* Mitarbeit: *gut*

Vermerk: Dieses Zeugnis ist gleichwertig einem Abschlußzeugnis der Oberschule Technischen Zweiges (Mittelschule) in Berlin.

Bemerkung:

Berlin, den *31. März* 19*60*

Der Vorsitzende des Prüfungsausschusses als Vertreter des Senators f. Volksbildung

Direktor

(Siegel)

Klassenleiter

21

7. In memoriam: Erich Sommer

Erich Sommer

Die Schulsekretärin wurde von Frau Katochwil angerufen. Sie war in Sorge um ihren Sohn. Durch einen peinlichen Vorfall ist er total frustriert, er neigt zu Aggressionen. Da er Choleriker ist, würden bei ihm die Nerven durchgehen. Kurz nach dem Gespräch erschien der Praktikant K. im Schulbüro. Er wollte sofort Direktor Sommer sprechen.

Herr Sommer war nicht im Hause. Die Bitte, später zu kommen, lehnte der junge Mann ab. Es war nicht möglich, Herrn Sommer telefonisch zu erreichen. Als er endlich kam, drängelte sich K. mit ihm durch die Tür in das Dienstzimmer. Die Sekretärin blieb vor der angelehnten Tür stehen. Sie hörte K.'s erregte Stimme: „Geben sie mir noch eine Chance!" Herr Sommer redete beschwichtigend: „Wir haben ihnen viele Chancen gegeben ... Ihre Versprechungen mir gegenüber haben sie nicht eingehalten ... Der Personalrat hat der Kündigung zugestimmt ..." Plötzlich hörte man das Schurren von Stühlen und Tischen. Die Sekretärin konnte durch einen Türspalt hineinschauen, sie erkannte ein Messer, mit dem der Praktikant herumfuchtelte. Erschreckt schloss sie die Tür und rief Polizei und Feuerwehr an. Um die Polizei abzufangen, lief sie zum Hauseingang. Die kurze Zeit danach eintreffenden Beamten rannten mit ihr die Treppe empor. Oben bot sich ihnen ein fürchterliches Bild: Herr Sommer lag zusammengekauert auf dem Boden, neben ihm der Praktikant mit schmerzverzerrtem Gesicht, in seinem Bauch stak ein Messer. Die beiden zerfetzten, stark blutenden Körper wurden in das nahe gelegene Krankenhaus gebracht. Herr Sommer verstarb auf dem Transport, der 28-jährige Praktikant K. verblutete zwei Stunden später.

Der Hausmeister, ein Kriegsveteran, beseitigte alle Spuren des entsetzlichen Massakers. Die Sekretärin ordnete die Akten auf dem Schreibtisch, zu oberst die EILT-Vorgänge in den roten Heftern.

Anmerkung: Am darauf folgenden Tag berichteten alle Tageszeitungen von der entsetzlichen Tat. Vom stellvertretenden Schulleiter erwartete man, dass der Betrieb reibungslos weiter lief. Die psychische Belastung war groß, er bekam eine Gürtelrose, die ihn wochenlang quälte. Die von 1692 datierten „Desiderata" übten auf ihn eine beruhigende Wirkung aus. Allmählich erholte sich seine wunde Seele. Am 15. Mai besuchte er in jedem Jahr das Grab seines Vorgängers, bis es nach 20 Jahren eingeebnet wurde. Er war allein.

8. Desiderate

Sei gelassen inmitten von Lärm und Hast, und denk an den Frieden, der in der Stille liegen kann.

Soweit dies möglich ist, ohne Dich selbst aufzugeben. Vertrage Dich gut mit allen Leuten.

Sag Deine Wahrheit ruhig und klar, und höre die anderen an. Sogar die Dummen und Unwissenden, auch sie haben etwas zu erzählen.

Meide laute und angriffige Personen, sie beleidigen den Geist.

Wenn Du Dich mit anderen vergleichst. magst Du eitel oder bitter werden, denn es wird immer größere und kleinere Menschen als Dich geben.

Genieße, was Du erreicht hast und freue Dich Deiner Pläne.

Bleib an Deinem eigenen Fortkommen interessiert. Jedoch bescheiden, dies ist ein wirklicher Besitz im Wandel der Zeiten.

Nimm Deine Geschäfte mit Umsicht wahr, denn die Welt ist voll Arglist.

Aber laß Deine Augen darob nicht blind werden für das, was an Tugenden vorhanden ist. Viele Menschen streben nach hohen Idealen, und überall ist das Leben voll Heldenmut.

Sei Du selbst.

Täusche insbesondere keine Zuneigung vor.

Sei auch nicht zynisch der Liebe gegenüber, denn sie ist angesichts aller Härten und Enttäuschungen so beständig wie das Gras.

Nimm das, wozu Dir Deine Jahre raten, gern entgegen, und gib die Dinge Deiner Jugend mit Anstand auf.

Pflege die Zucht des Geistes, damit Du in einem plötzlichen Unglücksfall gewappnet bist.

Aber mach Dich nicht unglücklich mit Dingen, die Du Dir einbildest.

Manche Furcht hat ihren Ursprung in Müdigkeit und Einsamkeit.

Außer einer heilsamen Selbstdisziplin – sei nett mit Dir selbst.

Du bist ein Kind des Universums, nicht weniger als es Bäume und Sterne sind.

Du hast ein Recht darauf, hier zu sein.

Und ob Du es begreifst oder nicht, das Universum entfaltet sich so, wie es sollte.

Leb deshalb in Frieden mit Gott, wen immer Du dafür hältst, und leb in Frieden mit Deiner Seele, was immer Dein Tun und Streben im lärmigen Durcheinander des Lebens sei.

Trotz aller Plackerei, aller Enttäuschungen und aller zerbrochenen Träume: die Welt ist doch schön.

(Gefunden in der Old Saint Paul's Church in Baltimore, England, datiert 1692)

9. Pack es an und bring' das Ding zu Ende

Im Jahre 1950 hat die „Arbeitsbauschule" von der Spandauer Zitadelle Besitz genommen. Durch Kriegseinwirkung waren alle Gebäude zerstört, es waren Teilruinen – ein herausforderndes Betätigungsfeld für die 600 Lehrlinge mit ihren Meistern und Bauarbeitern. Bereits im Juli 1950 fand das Richtfest der „Kaserne Königshaus" an der Nordseite des Zitadellenhofes statt. Hier entstanden die Werkstätten für die Tischler und Zimmerer. Im Obergeschoss wurden ein Jahr später der Clubraum und die Aula fertiggestellt. Im Haus IV an der Westseite richteten sich die Metall verarbeitenden Beruf und die Elektriker ein. Auch Verwaltungs- und Technische Angestellte, wie auch die Schulleitung fanden nach der Restaurierung geeignete Räume. In den ehemaligen Pferdestall an der Ostseite zogen die Maurer, in die „Exerzierhalle" die Betonbauer. Auf der Bastion Königin befand sich das Haus mit der besten Bausubstanz. Es wurde als Unterrichtsgebäude genutzt. Ein Schachverein gastierte im „Neuen Zeughaus", die Schulkantine. Das Zitadellengelände war Festplatz für zahlreiche öffentliche Veranstaltungen. In den Kasematten wurde Filmszenen für „Die Nibelungen" gedreht, im Vorhof wurde die „Carmina Burana" aufgeführt, in der Aula trafen sich die Jazzer.
Mitten drin ein gut funktionierender Schulbetrieb: gut ausgestattete Labore für Baustofftechnik, Gasgeräte, Kunststoffe, Physik, Chemie, auf der Bastion Kronprinz in den Gewölben Räume für experimentales Gestalten, oben eine Sportfläche für Ballspiele, im Winter die Turnhalle in den Italienischen Höfen, an der Bastion Brandenburg eine Ruderanlage. Vor der Nordkurtine war Berlins erfolgreichster Sportverein beheimatet: Die „Wasserfreunde Spandau 04". Es entstand eine fruchtbare Zusammenarbeit.
Die Versammlung der Lernanfänger kann man nicht als Feier bezeichnen. 224 Mädchen und Jungen hören sich erwartungsfroh die Worte ihres zukünftigen Schulleiters an. Lehrjahre sollen ja keine Herrenjahre sein. Man muss mit dem Schlimmsten rechnen! Nach einführenden Worten berichtet „der Alte" von einer ausländischen Besuchergruppe, die er durch die Werkstätten geführt hat.

Vor der Tischlerei stand ein großer Brummi mit Anhänger, hochbeladen mit Balken, Kanthölzern und Bohlen. 25 Lehrlinge scharten sich um den Meister. Der übergab einem ihm nahe stehenden Auszubildenden eine Holzliste. Das gesamte angelieferte Material muss im Trockenraum fachgerecht gelagert werden. Der LKW-Fahrer will am frühen Nachmittag vom Hof fahren. Sagt's und verschwindet. Nach dem Mittagessen bestand die Besuchergruppe darauf zu erfahren, was mit der Holzlieferung passiert ist. Also ging man zum Gewölbe der Bastion Kronprinz. Aus dem abfahrenden LKW winkte der Fahrer. Im Trockenraum nahm der Meister die Arbeit ab. Die Gäste wollten wissen, wie die Schüler das gemanaged haben. Ein Mädchen gestand, dass sie die Liste bekommen hatte und den Polier spielen musste. Einer streute ein: „Ohne leader geht nichts!" Also erst vom Lager Arbeitshandschule, Leitern und Besen holen, eine Gruppe hat abgeladen, eine den Transport übernommen, die dritte die ordnungsgemäße Lagerung. Sie haben eine Wette gegen den Meister gewonnen, haben es früher geschafft. Nun muss er sie eine Stunde früher nach Hause schicken. Alle lachen! So einfach ist das. Die recht schwere körperliche Arbeit wurde nicht als bedrückend aufgefasst, sondern als ein lockerer körperlicher Wettbewerb. In einem dreiviertel Jahr werden sie ihre Gesellenprüfung ablegen, etliche mit guten oder sehr guten Ergebnissen, keiner wird durchfallen, denn sie passen aufeinander auf, tragen die Schwachen, optimale Bedingungen, dass jeder seine Abschlussprüfungen besteht.

Die wenigsten werden in ihrem Beruf arbeiten. Die meisten haben während ihrer Ausbildungszeit andere Strategien für ihr berufliches Leben entwickelt. Trotzdem wertet jeder die drei Jahre als einen Gewinn.

Die erste Hürde ist die Probezeit, die man bestehen muss. Das ist für einige ein harter Brocken. Um sieben Uhr am Arbeitsplatz und dann acht Stunden ungewohnte körperliche Arbeit – das ist nicht so einfach!

Am Ende der einführenden Veranstaltung erfährt man etwas über Otto Bartning, den Namenspatron der Schule. Er ist auf einem Windjammer um Kap Horn gefahren. Auf seiner Seefahrt über den Atlantik traf er einen Schiffszimmermann. Der hat ihm eine Lebensweisheit anvertraut. Die letzten Zeilen seiner Botschaft lauten:

> All das, was stecken bleibt,
> Das bleibst du schuldig, du allein.
> Du hast es angepackt,
> Du hast es nicht geschafft.

Also: ihr habt es angepackt und nun versprecht euch selbst und auch untereinander, die Lehrausbildung erfolgreich abzuschließen.

Die sieben Klassen der Berufsfachschule und die Praktikantenklasse haben nacheinander mit ihren Meistern und Lehrern die Aula verlassen. Der Alte geht auf die Bühne. Auf dem Flügel schlägt er einige Akkorde an. Das Ziel ist eine Gemeinschaft von Lehrenden und Lernenden. Niemand soll allein gelassen werden. Während der Ausbildungszeit werden sich Freundschaften bilden. Meister und Lehrer versuchen, Vertrauen zu gewinnen. Es geht nicht nur darum, handwerkliche Techniken für einen einzelnen Beruf zu erlernen. Oft bildet der erlernte Beruf nicht mehr die finanzielle Basis. Aufgabe ist, in der harten Wirklichkeit Daseinstechniken für das Handwerk des Lebens zu trainieren. Wie dieses Bildungsziel zu erreichen ist – darüber diskutieren Meister und Lehrer in den oft ausufernden Konferenzen. Das kostet Zeit und Kraft.

10. Die Zeiten ändern sich …

Neue Ausbildungsordnungen

In den 1960er Jahren entwickelten Arbeitgeber- und Arbeitnehmerverbände in Verbindung mit dem Bundesinstitut für Berufsbildung neue gesetzliche Grundlagen für die Ausbildung im Baugewerbe. Die sachliche und zeitliche Gliederung umfasste die drei Lernorte: Betrieb, überbetriebliche Ausbildung und Berufsschule. Es entstanden überbetriebliche Ausbildungsstätten von hoher Qualität. Sie waren vorbildwirksam für die gesamte Wirtschaft, weil sie den Staat finanziell nicht belasteten. Außerdem wurde eine ausreichende Zahl von Ausbildungsplätzen angeboten.

Folgerichtig verwies man mit Nachdruck auf eine Forderung aus dem Jahre 1953, wonach die Berufsfachschule unverzüglich zu schließen ist. Im Abgeordnetenhaus von Berlin wurde in jedem Jahr der Antrag eingebracht, das staatliche Konkurrenzmodell „Zitadelle" aufzugeben. Der zuständige Senator Tiburtius (CDU), ein Freund Otto Bartnings, stimmte stets gegen den Antrag seiner Fraktion.

Die Schule auf einem untergehenden Stern

Die Tage der Otto-Bartning-Schule schienen gezählt zu sein. Die Bewerbungen der Schüler waren stark rückläufig. Die zuständige Schulaufsichtsbehörde resignierte. In den sieben Berufen gab es nur noch 165 Lehrlinge, in den Werkstätten herrschte gähnende Leere. Von der Plattform des Juliusturmes schaute man sich nach rettenden Ideen um. Plötzlich machte man zwei Rettungsboote aus, die die Havel herunter trieben. Sie gingen vor der Bastion Brandenburg vor Anker. An Bord hatten sie rettende Botschaften.

Das erste Rettungsboot hatte als Gepäck den **2. Bildungsweg.** Das bestehende Bildungssystem der schulischen Sackgassen sollte durchlöchert werden. Es war vorgesehen, bildungswillige Absolventen besonders der Hauptschule zu fördern. Neben dem 8-stündigen Berufsschultag sollten an einem 2. Schultag allgemeinbildende Fächer angeboten werden, um den Realschulabschluss zu erwerben.

Das zweite Rettungsboot verhieß die **Doppelqualifikation.**
Nach dem Abschluss der Berufsfachschule sollte ein aufbauender Bildungsgang angeboten werden, der zur Fachhochschulreife führte. Die Studiermöglichkeit war nicht auf eine bestimmte Fachhochschule begrenzt. Weitergehend gab es Übergangsmöglichkeiten auf eine Universität. Da viele Studenten ihr Hochschulstudium nicht abschließen oder aber keinen Job finden, bietet sich die Möglichkeit an, im erlernten Beruf die Meisterprüfung zu machen und einen Betrieb zu gründen.

Wer sich mit der Schule verbunden fühlte, war aufgefordert, sich für die Umsetzung der Zielvorgaben zu engagieren – nicht nur innerschulisch.
Es reichte nicht, auf den Festungsgräben der Zitadelle herum zu staken. Vielschichtige Strategien waren gefragt. Im pädagogischen Bereich gab es klar definierte Zielvorstellungen:

Im **Bauhausprogramm** von Weimar formulierte **Walter Gropius**:
„Die unerlässliche Grundlage ist die gründliche handwerkliche Ausbildung in den Werkstätten und Werkplätzen. Jeder Studierende soll ein Handwerk erlernen. Praktisches Tun und theoretischer Unterricht bilden aufeinander abgestimmt eine Einheit."

Oskar Schlemmers schematische Übersicht des Unterrichtsgebietes „Der Mensch" stellt drei Energiefelder dar, die Unterricht und Ausbildung maßgeblich inhaltlich strukturieren:

> Der kognitive Bereich – Intellekt – **Kopf**,
> Der affektive Bereich – Sinnlichkeit –**Herz**,
> Der psychisch – motorische Bereich – Bewegung – **Hand**.

Siehe hierzu das nebenstehende Bild.

Im Bereich der Pädagogik bietet sich das **Modell der Berliner Didaktik** von **Paul Heimann** an. Für die berufsbildende Schule geht es darum, die theoretischen Ansätze dieses Modells für die Curriculumerstellung und für die Unterrichtsgestaltung nutzbar zu machen. Hierbei konnte die Referendariatsausbildung einen wichtigen Beitrag leisten.

Das Lehrpersonal und ihre Klientel, Schüler und Auszubildende, hatten unterschiedliche Arbeits- und Ausbildungszeiten:

> Schüler: 32 Std./Wo, Std.= 45 Min. Ferien: 60 Tage im Jahr
> Lehrer: 24 Std./Wo, Std.= 45 Min. Ferien: 60 Tage im Jahr

> Azubis: 38 Std./Wo, Std.= 60 Min. Urlaub: 32 Tage im Jahr
> Meister: 28 Std./Wo. Std.= 60 Min. Urlaub: 28 Tage im Jahr

Das Schulmanagement war gefordert, eine funktionierende Organisationsstruktur zu entwickeln. Ohne eine wohlwollende Kompromissbereitschaft des Lehrpersonals war das nicht möglich.

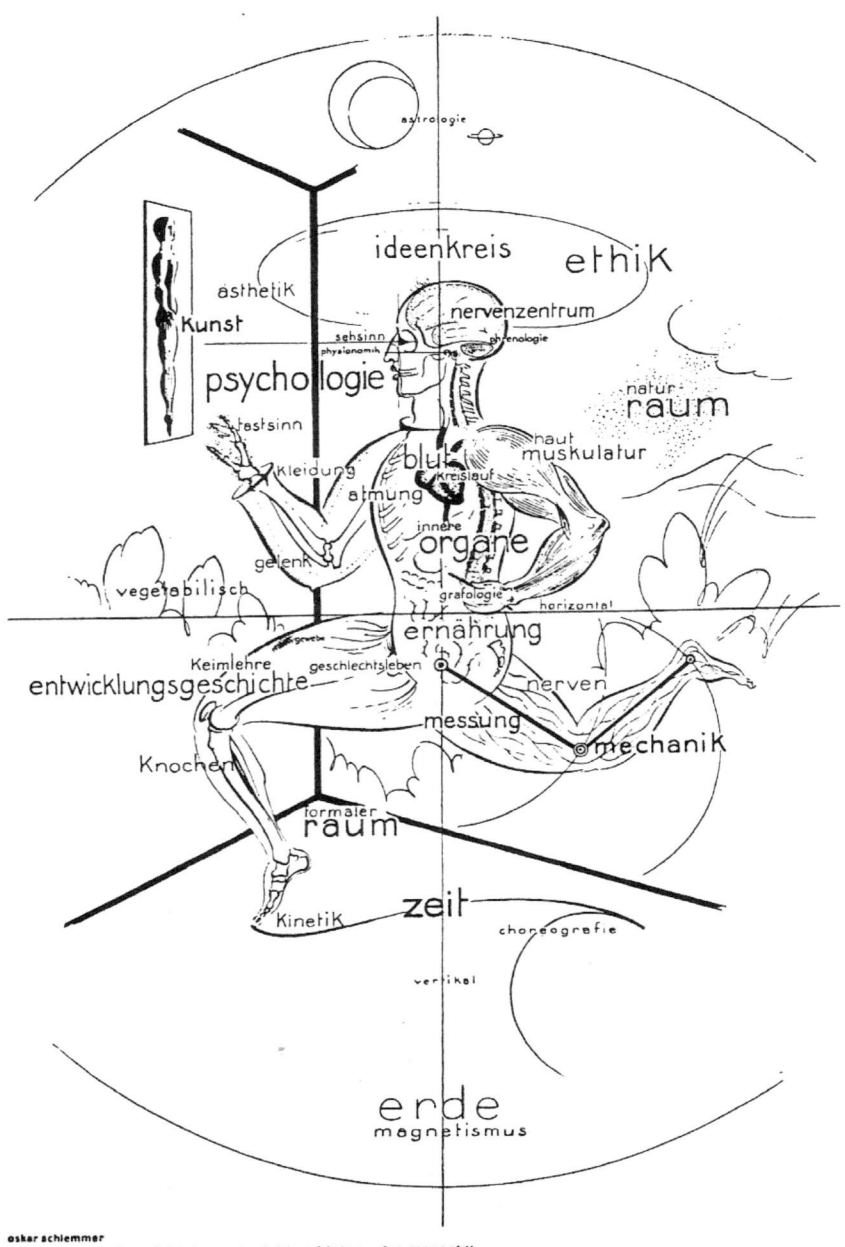

astrologie

ideenkreis   ethik

ästhetik   nervenzentrum

Kunst   sehsinn   phrenologie
physionomik

psychologie   natur
raum

tastsinn   haut
blut   muskulatur
Kleidung   kreislauf

atmung
innere
gelenk   organe

vegetabilisch   grafologie   horizontal

ernährung

Keimlehre   geschlechtsleben   nerven
entwicklungsgeschichte

messung   mechanik
Knochen

formaler
raum

zeit
Kinetik   choreografie

vertikal

erde
magnetismus

oskar schlemmer
schematische übersicht des unterrichtsgebietes „der mensch"

11. Abschaffung der „kapitalistischen" Ausbildung

Kommunistische JUGENDPRESSE ZITADELLE

BETRIEBSZEITUNG DER JUGENDZELLE DES KJV   Juni '73

KOMMUNISTISCHER JUGENDVERBAND (KJV) JUGENDORGANISATION DER KPD

Die kapitalistische Stufenausbildung für die Bauindustrie wird heimlich seit Ostern an der Zitadelle praktiziert.

Da in der letzten Kommunistischen Jugendpresse kein Artikel über die Einführung der Stufenausbildung stand, habe ich sofort einen Bericht an den KJV geschrieben, in dem ich von der Zitadelle und mein Freund aus der "freien" Wirtschaft über den Versuch der Einführung der Stufenausbildung berichten. Zwar ist die Einführung der kapitalistischen Stufenausbildung für das Baugewerbe noch nicht gesetzliche Verordnung, aber ein Teil der Lehrlinge in der sog. "freien" Wirtschaft, wie an der Zitadelle "dürfen" Versuchskaninchen für die Stufenausbildung sein. Dabei haben sich natürlich Baukapitalisten und SPD-Vertreter Kranz abgesichert, indem sie von den Eltern der Lehrlinge eine Einverständniserklärung für die Stufenausbildung im ersten Lehrjahr unterschreiben ließen. In dieser Erklärung stand sinngemäß drin, daß man in der gestuften Ausbildung qualifizierter ausgebildet wird, daß es sich auf keinen

daß die Erklärung ein Teil des Lehrvertrages ist; daß die Durchfallquote an der Zitadelle nur 7% betrage, also weit über dem Durchschnitt läge.

Vor dem Zitadellentor wird die K J V verteilt.

Hauptfeind ist Schulleiter Kranz

Parole:
Die Ausbildung in China ist unser Vorbild!

denn heute muß man ... ...
Betonarbeiten machen oder ein B ·

Mal richtig auf die Pauke hau'n!

Nicht bekannte Typen stehen vor dem Zita-Tor und verteilen Flugblätter. Man schreibt, wir werden kaputt gemacht, besser ist es: wir machen kaputt, es muss alles anders werden. Aber nicht so, wie die Kapitalisten sich das vorstellen. In Kommunisten Ländern ist alles viel besser. Für heute haben sie zu einer Betriebsversammlung aufgerufen.

Sind nicht alle von uns gekommen in die Aula. Eine Praktikantin und zwei Azubis machen auf der Bühne richtig Stimmung. Das System ist Scheiße und auch die, die es vertreten, die Meister und vor allem der Schulleiter. Das ist unser Hauptfeind! Moment mal denk ich: vor zwei Jahren haben wir ihn zu unserem Vertrauenslehrer gewählt und nun ist das eine derartig miese Raupe? Nach etwa einer dreiviertel Stunde wiederholen sich die Parolen, es beginnt langweilig zu werden.

Dann erscheint plötzlich unser Buh Mann, der Direx, und setzt sich vorn in die erste Reihe. Natürlich grölen wir und pfeifen ihn aus. Sein Unterricht lief immer nach „Schwiers": Es darf gelacht werden. Das Lachen wird ihm schnell vergehn. Das unerwartete Erscheinen des „Hauptfeindes" hat die auf der Bühne etwas verwirrt. Es wird plötzlich ruhig und ich rufe in den Saal: „Der Alte soll Stellung nehmen!" Die „Bühnenarbeiter" halten nichts davon. Doch auch andere rufen: „Der Direx ans Mikro!"

Der geht auf die Bühne und schiebt das Mikro beiseite. Hätte man ihm so wie so abgestellt. Erst grummelt es noch im Saal, doch dann setzt er sich durch. Erzählt was von dem Modell einer Bau-Gesamtschule, wo jeder eine Chance bekommt; dann die Stufenausbildung mit den überbetrieblichen Lehrgängen, die Urlaubsansprüche, die etwas erweitert werden und die Erhöhung der Ausbildungsvergütung: dann zitiert er ein Flugblatt, das die Handwerksausbildung abschaffen will. In der Zita sollen Betonfertigteile produziert werden – für ihn ein absoluter Blödsinn. Außerdem will man eine Ausbildung wie in China, in der Sowjetunion oder in der DDR. Auf Nachfrage über derartige Mustereinrichtungen muss die „Rote Zelle Zitadelle" passen. Das Ding ist gelaufen. Zeit für den Alten, den Chef rauszukehren:

„Aus Trümmern haben Lehrlinge nach dem Krieg diese Schule aufgebaut. Jeder von uns ist aufgefordert, dass sie nicht kaputt gemacht wird. Die Schülervertretung hat eine Sitzung angesetzt. Da werden wir noch einmal über alles reden. Unsere Spielregeln werden von der Schulleitung und dem Personalrat bestimmt. Ihr habt dagegen verstoßen, habt euch widerrechtlich von euren Arbeitsplätzen entfernt. Damit alles wieder ins Lot kommt, bitte ich euch, unverzüglich an eure Arbeitsplätze zurück zu kehren."

Wir gehen – the party is over!

12. Das Kommandantenhaus – Einweihung

Am 24. April 1976 berichten die Zeitungen Westberlins, dass das Kommandantenhaus der Spandauer Festung restauriert ist. Zur Einweihung spielten Schüler auf alten Instrumenten, wie Psalter, Gambe und Krummhorn: „Tretet ein in dieses Haus mit Freuden!" Viel Prominenz gab es und Reden wurden gehalten. Der Bausenator Ristock zeigte sich sehr erfreut, über das, was hergerichtet wurde. 8,8 Millionen sind bisher verbaut worden, weitere 12,5 Millionen werden für die Bastion König und den Palas veranschlagt. Landeskonservator Professor Engel rechnet mit 40 Millionen, „um die Zitadelle wieder so herzustellen, wie wir uns das vorstellen."

Der zuständige Bildungsdezernent für die Otto-Bartning-Schule fand lobende Worte für die baulichen Leistungen der Berufsfachschüler. „Nicht nur hier in Spandau, auch im Marstall und in der Orangerie des Schlosses Charlottenburg seien die Lehrlinge mit ihren Meistern tätig geworden, und ohne ihr fachliches Können wäre vieles nicht möglich gewesen."

Der Alte war zufrieden. Alle lobten die „Adlertreppe" aus Eiche, die die Zimmerer gebaut hatten. Nur geteilte Zustimmung fanden die Dielen des Fußbodens aus südamerikanischem Edelholz und die prunkvolle, vergoldete Holzdecke des Fürstenzimmers. Doch das sind eben die Vorstellungen des Landeskonservators von einer „ zeitgemäßen Restaurierung."

Der Spandauer Bürgermeister bekam einen Schlüssel für die Zitadellen-Schänke. Damit mahnte man die Fertigstellung an. Der Kamin musste instandgesetzt werden, über einer Fußbodenheizung kam eine Ziegelflachschicht, Fenster mussten eingesetzt werden, der Einbau der Küche stellte enorme Anforderungen an die Rohrinstallateure, im Eingangsbereich entstand ein völlig neues Tonnengewölbe. Bei Bauverzögerungen wurde der Schule der schwarze Peter zugeschoben. Fehlende oder mangelhafte Bauzeichnungen wurden als Grund nicht genannt. Man nahm es lächelnd auf sich: **„Was lange währt, wird gut!"**

Abbildung aus der ‚Berliner Morgenpost' vom 24.04.1976

Sonntags in der Früh' wird das Zitadellentor eingebaut

Grobarbeit...   ... und das Filigrane

13. Zitadellenschänke

Zur feierlichen Eröffnung der schönsten Kneipe Berlins laden wir herzlich ein am 13. September 1978 – Zitadelle Spandau.

Abbildung aus ‚Tagesspiegel' vom 14.06.2000

Gegen 22:30 Uhr wurde Wladimir Putin in der Zitadellenschänke zum Ritter geschlagen.

14. Gespräche beim Bau des Palas

> Lass' Deine Augen nicht blind werden
> für das, was an Tugenden vorhanden ist!

Nicht, dass der Alte sich gerne reden hört, aber wenn es ihm in den Kram passt, lässt er sich kaum bremsen: „Anfang der 50er Jahre haben wir die Fundamente restauriert. Unten in der Baugrube bei Unterfangarbeiten bemerkte ein Rohrleger, dass in einigen Feldsteinen etwas eingemeißelt war. Man förderte einige der schweren Brocken nach oben und ließ Schriftsachverständige kommen. Die stellten fest, dass es sich um jüdische Grabsteine handelte, die auf den Steinen eingeschlagenen Jahreszahlen schwanken zwischen 1244 und 1347. Man hatte die mittelalterlichen jüdischen Leichensteine zur Fundamentierung des Palas verwendet."

„Na, warum denn gerade Grabsteine, jab's denn sonst keene Klamotten?" will einer von den Zimmerlehrlingen wissen.

„Eigentlich gab es die in unserer Gegend reichlich genug. Aber in großer Zahl und ausgesuchter Form bediente man sich auf einem Friedhof und zwar auf einem jüdischen. Es gab hierfür folgenden Grund: Durch Seuchenepidemien um 1350 und 1400 wurde die Bevölkerung Europas dezimiert. Die Zahl der Menschen ging von 73 auf l5 Millionen zurück. Allein in Deutschland kamen 4 Millionen gleich 30% um; auch die Mark Brandenburg wurde hart getroffen. Die Menschen waren sich über die Ursache dieser Krankheit nicht im klaren: Bei der Treibjagd auf Sündenböcke wurden die Juden verdächtigt. Man schändete ihre Friedhöfe, vertrieb und verfolgte die jüdischen Menschen."

„Womit wir wieder beim Thema Nummer 1 sind!" streut einer ein.

„Wat soll denn det?" empört sich ein anderer. „Das sind doch wohl steinerne Tatsachen, man plünderte jüdische Friedhöfe und nicht welche von den Christenmenschen!"

„Das ist schlüssig", stellt der Alte fest und sieht auf die 10 m entfernt stehende Statue Albrecht des Bären, der 1157 die havelländischen Wenden endgültig der deutschen Herrschaft unterwarf und im Rahmen der Christianisierung die „Ureinwohner" verfolgte und demütigte. Hätten die Wenden solche schönen Grabsteine wie die Juden gehabt ...?

Statt dieser Gedanken stellt er den jungen Männern noch eine Frage:

„ln der Nazi-Diktatur erzählte man die folgende Begebenheit: Am Potsdamer Platz kreuzen sich vier große Straßen. Auf der einen kommt Hitler angebraust, auf der zweiten sein Stellvertreter Heß, auf der dritten der Führer der SS, Himmler, auf der vierten ein Feuerwehrwagen im Alarmzustand. Alle stoßen in der Mitte aufeinander. Wer hatte Schuld?"

„Früher waren et die Juden", stellt Olaf lakonisch fest und nach einer kurzen Pause, „heute sind's die Asylanten."

„Na, mit dem ‚heute' überziehst Du ja wohl wieder", schaltet sich der Zimmermeister Rolf ein. „Heute kann jeder Zimmerer werden, der nicht ganz ‚doof im

Kopp' ist, wie die meisten von euch, und Freude an seinem Handwerk hat. Wie war denn das früher?"

Einer weiß was: „Juden, Zigeuner und Wenden durften kein Handwerk erlernen. Auch wenn der Vater einen unehrlichen Beruf hatte wie Totengräber, Abdecker oder Sohn eines Pfaffen, dann war nichts drin für die Jungs. Also, Achim, Du wärst schon nicht in unserer Kolonne!" macht er seinen Kumpel an.

„Nun hat man ja die Spandauer Zitadelle gebaut, bevor es handwerkliche Zünfte gab", stellt der Alte richtig, „aber könnt ihr mir sagen, wie der damalige Baumeister Graf Lynar zu seinen Arbeitskräften gekommen ist?

Konnte er sich welche aussuchen, weil der Andrang groß war, mussten sie mit Waffengewalt zusammen getrieben werden, wurden vom Kurfürst von Brandenburg Soldaten eingesetzt?"

Nach kurzer Pause gibt er selbst die Antwort: „Die umliegenden Ortschaften sollten 165 Arbeitskräfte stellen, es kamen jedoch nur 85, darunter Frauen und Kinder. Die fuhren nicht mit Autos, Motorrädern oder Fahrrädern von ihrem Heimatort zur Zitadelle, auch nicht in der Postkutsche, sondern sie lebten hier in der Umgebung in primitiven Hütten und gingen nur alle paar Wochen einmal zu Fuß nach Hause und wieder zurück. Dafür mussten sie an 6 Wochentagen täglich 16 Stunden auf der Baustelle sein!"

„Der Kran ist da, auf geht's, Buben!" Abrupt beendet Meister Rolf die Diskussion, die ihm schon viel zu lange gedauert hat. Der Mobilkran fährt über die Zugbrücke durch das Tonnengewölbe des Kommandantenhauses und wird jetzt vom Meister auf einen vorher genau bestimmten Platz eingewiesen. Vor dem Giebel des Palas liegen drei mächtige, über 8 m lange Eichenbalken, von denen jeder über 3 Tonnen, wiegt. Sie sind zimmermannsmäßig bearbeitet, nicht maschinell, sondern von Hand bebeilt, wie es früher vor 500 Jahren üblich war. Um das Holz vor Zerstörung durch die Stahlseile zu schützen, hat man die Balken umbohlt. Da jede Kranstunde verdammt teuer ist, hat der Meister alles genau geplant. Der erste Balken wird angeschluppt und schwebt langsam durch die Luft nach oben.

Vom Palas gibt es gegenwärtig nur den Keller mit den beiden Tonnengewölben, darüber ragt das meterdicke Außenmauerwerk wie ein Schacht in den Himmel, lediglich übertroffen vom trutzigen Juliusturm. Oben auf dem nach Zimmermannsregeln abgebundenen Außengerüst steht ein Mann und hat Sichtkontakt zum Kranführer. Die Hubhöhe des Krans reicht gerade aus, um den Balken über Gerüst und Mauerwerk in den hohlen Bauch des Palas hineinzusenken. Unten sind die Auflager für die Balken genau hergerichtet. Um die Spannweiten des Mittelrähms zu verringern, sind an den beiden Außenauflagern Klappstühle und an den beiden Mittelstützen künstlerisch gestaltete Konsolen angebracht, die in den Hauptbalken eingeklinkt werden. Von Schnellbaugerüsten werden die „schwebenden Zahnstocher" auf die vorbereiteten Lager millimetergenau abgesetzt. Der Meister hat den totalen Durchblick und Überblick, er gibt kurze Anweisungen, als täte er solches täglich: „Passt, wackelt und hat Luft – der nächste Herr, dieselbe Dame!" Der letzte Balken lässt sich am schwersten einfädeln. Die zusammen geschobenen Leimbinder des Behelfsdaches geben wenig Freiraum, außerdem wird die Reichweite des Krans bis zur Belastungsgrenze ausgenutzt. Man zirkelt – Holz hin, Holz her – und hat mit dem tonnenschweren Eichenstamm Filigranarbeit zu leisten. Es entsteht der Eindruck, als wären Meister und Kranführer mit ihren Walkie-Talkies ein lang eingespieltes Team. Die Jungens staunen nicht schlecht, als der Kran nach weniger als 3 Stunden seinen Hydraulik-Ausleger und seine vier Standbeine einzieht und vom Hof fährt.

„So, den Rest macht meine Großmutter mit links!" kommentiert Meister Rolf: „Jetzt machen wir erstmal Frühstück!" Die Jungens holen ihr Brot und setzen sich auf eichene Deckenbalken, die sie in den Wochen davor bearbeitet haben und die es nun zu verlegen gilt. Das geht leider nicht mit dem Kran. Von den 36 Karwenzmännern soll einer nach dem anderen vom schuleigenen Hydraulikbagger auf die Rüstung gelegt werden, um dann auf Rollen an seinen Platz geschoben zu werden. Das ist noch ein hartes Stück Arbeit. Der Alte, der früher vor seinem Studium selbst einige Jahre auf dem Bau gearbeitet hatte, beneidet die Jungen um diese Arbeit.

„Wenn ich das richtig mitgekriegt habe", spricht ihn einer an, „so wollten Sie uns verklickern, dass det allet nich ernst zu nehmen is mit der juten, alten Zeit!"

„Na, pass auf, jetzt erfährst du gleich, dass die früher Regenwürmer und Heuschrecken gemuffelt haben, dann denkst du beim Mampfen Deiner trockenen Bemmen, du schiebst Dir 'nen Doppelwopper ein!" Er hat die Lacher auf seiner Seite.

„Damals mussten Bauarbeiter zwar schwer und lange arbeiten, dafür haben sie täglich Spießbraten, Eisbein und gebratene Hühner und Enten bekommen. Die meisten haben sich in eurem Alter so überfressen, dass sie durchschnittlich nur noch 15 Jahre zu leben hatten, während ja heute die Lebenserwartung bei 80 Jahren liegt!"

„Ich nehme an, wenn einer älter wurde, hat's 'ne anständige Rentenversicherung gegeben", spinnt einer den Faden weiter.

„Ja, und das Lynar-Krankenhaus wurde für invalide Zitadellen-Handwerker gegründet, da wurde man dann gleich umgeschult zum Architekten oder – ach, weiß ich was" –

„Na, vielleicht zum Musiker, da konnte man dann in den vielen Spandauer Gartenlokalen aufspielen, wo die Bauhandwerker ihre Freizeit verbrachten, wenn sie nicht gerade mit 'nem Kremser oder auf einem Kahn auf der Havel nette Picknicks machten!"

„Nun hab' ich noch 'ne Frage", muffelt einer beim Mampfen den Alten an. „Hier der Typ über uns in Siegerpose ist wohl Albrecht der Bär. Der hat 'olle Jaczo' vom Havelland vertrieben. Wer ist Ihnen eigentlich sympathischer: Albrecht oder Jaczo? '

Der Alte schaut erst das Denkmal, dann den verschmitzt lächelnden Mampfer an: „Meine Sympathie hat immer der Verlierer, mein Herz ist immer auf Seiten des Schwächeren." Beim Weggehen überhört er die Feststellung Olafs: „Nun wissen wir, mit wem wir es zu tun haben: mit dem Wendenfürst Jaczo!"

Sie werden ihre Lektion verstanden haben, denkt der ‚Wende' beim Weggehen. Noch nie ist es dem einfachen Menschen so gut wie heute gegangen. Zweifellos haben sie eine positive Grundeinstellung zum Leben.

Nur so ist es möglich, aus einer positiven Trotzhaltung zu einer konstruktiven lebensbejahenden Mentalität zu kommen.

Anmerkung: 50 Jahre später hat man die Schleifung der jüdischen Friedhöfe in einen anderen geschichtlichen Zusammenhang eingeordnet. Das damalige Gespräch verliert deshalb nicht seine Bedeutung.

Das Verhängnis der Mark Brandenburg

„He, Meister, auf den Feldsteinen sind arabische Zeichen eingehämmert!" An der Süd-Ost-Seite des Palas sollte ein neues Regen-Abfallrohr mit Blitzschutz montiert werden. Der Rohrlegerlehrling hatte die Einkerbungen auf den Fundamentsteinen mehr ertastet als gesehen. In der über zwei Meter tiefen Baugrube war es schummerig. Mit einer Stableuchte überprüfte der Meister den Tatbestand. Im Dezember 1955 meldete die Schulleitung den Fund an das Bezirksamt Spandau. Experten stellten fest, dass es sich um jüdische Grabsteine handelte mit hebräischen Schriftzeichen. Der älteste von den 75 Steinen datierte auf das Jahr 1244. Der jüdische Friedhof wurde geschleift, die Grabsteine für den Bau des Palas verwendet, dessen Bauzeit auf 1450 bis 1570 festgelegt wurde. Einige Steine wurden oben im Sockelfundament sichtbar eingemauert. Das war bautechnisch falsch. Die Steine hatten 500 Jahre im Faulschlamm gelegen. Sonnenlicht und jahreszeitliche Temperaturschwankungen zerstörten die Oberfläche. Die meisten von ihnen sind zur Zeit fachgerecht im Haus 6 auf der Zitadelle gelagert.

Nach heutigen Erkenntnissen besteht eine Verbindung der Grabsteine zu einem Schauprozess vor 500 Jahren. Auf einem Scheiterhaufen wurden 38 Juden auf dem heutigen Strausberger Platz verbrannt und zwei weitere geköpft. Auf Geheiß des Bischofs von Brandenburg wurde ein christlicher Kirchendieb erpresst. Er gestand, eine aus der Dorfkirche von Knobloch im Havelland entwendete Hostie an den Spandauer Salomon verkauft zu haben. Dieser habe sie mit anderen Juden geschändet. Nach dem Schauprozess wurden alle Juden aus der Mark Brandenburg vertrieben, ihre Friedhöfe geschleift, Grabsteine fanden den Weg zur Fundamentierung des Palas.

Vor seiner Hinrichtung hatte der Dieb gebeichtet. 1539 gelang es Philipp Melanchton Joachim II. von der Unschuld der Juden zu überzeugen. Die Juden konnten wieder in die Mark Brandenburg zurückkehren. Ein Lehrling der Otto Bartning-Schule hat „das Verhängnis der Mark Brandenburg" sichtbar werden lassen. Es ist ein wichtiger Baustein, wenn im Sozialkunde-Unterricht das Thema Diskriminierung behandelt wird. Man versucht, das Verhältnis von Christen und Juden in damaliger Zeit aufzuhellen, die politischen, religiösen, wirtschaftlichen und sozialen Probleme zu hinterfragen.

Über den Kellergewölben nimmt der Palas wieder Gestalt an.　　Foto: Baecker

Nach den Pogromen kamen die Grabsteine ins Zitadellenfundament

Reste des jüdischen Friedhofs aus dem 14. Jahrhundert als Ausstellung

Sehr viel ist der hebräischen Inschrift nicht zu entnehmen: „Grabstein / Dieser wurde errichtet von Herrn / Jona Sohn vom Herrn Dan der ging in Seine / Welt im Monat Marcheschwan / 5 nach der kleinen Zeitrechnung". Nach christlicher Zeitrechnung ist dies das Jahr 1244, und damit ist der Steinblock mit seiner Steinmetzarbeit der älteste in dieser Gegend. Der früheste christliche, der erhalten stammt von 1312.

Der Stein des Herrn Jona ist zugleich der älteste in einer Sammlung jüdischer Grabsteine, die jetzt vom Spandauer Kunstamt in den Gängen der Zitadellenbastion Königin aufgebaut wurde. Insgesamt 48 dieser Findlinge oder grob behauenen Blöcke sind jetzt dort versammelt, ergänzt um eine kleine Informationsschau über die Geschichte der Juden, von der biblischen Zeit bis zur Zerstörung der jüdischen Gemeinde Spandau durch die Nazis.

Auch die Steine sind indirekt Dokumente eines frühen Antisemitismus. In den Jahren 1348/49 kam es überall in Mitteleuropa, also auch in der Mark Brandenburg, zu Pogromen, denen letztlich auch der Spandauer Judenfriedhof, erstmals 1324 erwähnt, zum Opfer fiel. Die Grabsteine der verwüsteten Begräbnisstätte wurden dann auf der Zitadelle für Fundamentierungsarbeiten verwendet, besonders im Palas, der um 1350 entstand. Rund 70 Steine wurden dort bei den Restaurierungsarbeiten der letzten Jahre entdeckt und aus dem Gemäuer herausgelöst.

Das Gangsystem der linken Flanke der südöstlich gelegenen Bastion Königin, in dem ein Großteil der Steine jetzt aufgestellt wurde, soll einmal Teil des Stadtgeschichtlichen Mu-

seums werden. Dieser Fundus an jüdischen Grabsteinen sei in Mitteleuropa einmalig, sagte Volksbildungsstadtrat Hauff bei der gestrigen Vorstellung der Sammlung.

Die Geschichte der alten jüdischen Gemeinde und des Friedhofs soll jetzt weiter untersucht werden, die Ergebnisse werden dann in einer Broschüre vorgelegt. Die Texte auf den Steinen seien bereits weitgehend übersetzt, glichen sich aber sehr und sagten nur wenig über die Toten, berichtete Rabbiner Stein von der Jüdischen Gemeinde.

Zu besichtigen ist die Ausstellung allerdings vorerst nur noch heute. Morgen beginnt auf der Zitadelle die Kampfstoffsuche der Polizei, wegen der auch die Bastion Königin geschlossen wird. Der Stadtrat hofft aber, daß zumindest gelegentliche Führungen gestattet werden.

Zisterne im Gewölbe

Bei der Bastion Kronprinz im Nordwesten der Festung sind solche Ausnahmen von vornherein ausgeschlossen, da dort das größte Gefahrenpotential vermutet wird. Auch in dieser Bastion gab es in den letzten Monaten überraschende Entdeckungen der Bauforscher. Diese hatten ihre Arbeit erst im vergangenen Jahr nach Auszug der Otto-Bartning-Schule beginnen können.

Freigelegt wurden in den alten Gewölben inzwischen die ehemalige Festungsschmiede, die Küche sowie eine Vorratskammer. In einem großen Raum mit Tonnengewölbe wurde beim Entfernen des Fußbodens zudem ein oval gemauertes Becken freigelegt, das sich langsam mit Wasser füllte.

15. Palas – Richtfest

Sag' Deine Wahrheiten ruhig und klar

Warum soll sich dieses Richtfest von sonst üblichen Richtfesten unterscheiden? Da man von offizieller Seite Wert auf handwerkliches Zeremoniell legt, hat die Schule alles gut hergerichtet: Podest, Rednerpult mit handwerklichen Emblemen, die drei Flaggen von Bund, Berlin und Spandau schmücken das Gerüst, eine herrliche große Richtkrone wird zur rechten Zeit von zwei Zimmerlehrlingen über eine Rolle auf das Steildach des Palas emporgezogen. Der Zimmermeister Sepp sagt klar und deutlich in seinem unterfränkischen Dialekt mit rollendem „r" seinen Richtspruch auf:

> Willkommen alle insgesamt,
> die ihr jetzt hier zusammenkamt
> zu hören, was ich von der Höh',
> auf der ich frei und luftig steh',
> zum Richtfest Neues sagen kann;
> zwar einfach wie ein Zimmermann,
> der seine Giebelrede spricht
> nach seines Handwerks Brauch und Pflicht!
> Lasst Euch vom Palas dieses sagen:
> hört endlich auf herumzuklagen,
> Freizügigkeit und Glück und Frieden
> sind uns Menschen heut' beschieden.
> Glück allen, die in diesem Haus
> in Freundschaft gehen ein und aus!
> Mög' Eintracht und Zufriedenheit
> im Hause einzieh'n jederzeit!
> Und denen, die da unten steh'n,
> stets frohen Mut und Wohlergeh'n.
> Neid und Feindschaft
> und böse Gesellen
> sollen wie dieses Glas am Hause zerschellen!

Die Spandauer Zitadelle in ihrer jetzigen Form als sternförmiges, 3,6 ha großes Areal ist 400 Jahre alt, der Palas und der Turm sind 200 Jahre älter. Zweifellos zählt der Burgfried zu den ältesten Gebäuden Berlins.
Im Laufe der Jahrhunderte wurde er unzählige Male für entsprechende Nutzungen umgestaltet. Der Zimmermeister hat das in seinem Richtspruch angedeutet.

„Wer am Wege baut, hat viele Meister", dieser Spruch von Goethe bewahrheitet sich auch hier. Der vom Landeskonservator und örtlicher Baubehörde erstellte Plan hat bereits vor Fertigstellung des Gebäudes seine Kritiker gefunden.

ZITADELLE SPANDAU

EINLADUNG ZUM RICHTFEST ANLÄSSLICH DER WIEDER- HERSTELLUNG DES - PALAS - AM 9.10.81 UM 14.00 UHR

Nach ihrer Auffassung hätte es ein solches Baudenkmal wie die Zitadelle verdient, dass Planungen und Baudurchführungen über Generationen und von allen Parteien getragen werden sollen. Auf der Nostalgiewelle schwimmend bekundet heutzutage jeder großes Interesse und gibt seinen Senf dazu, wenn auch seine Sachkenntnis stark getrübt ist. Vor zwei Jahrzehnten hätte die Presse noch keine Notiz genommen von diesem Festakt, aber heute?

Vielleicht gibt es auch zu wenig Richtfeste, wo die Zahl der Bauarbeiter in unserer Stadt von 32.000 zeitweise schon auf 16.000 geschrumpft ist. Auch der Bausenator, der später vom Regierenden Bürgermeister allein gelassen und verstoßen wurde, liest etwas von seinen vielen Zetteln ab. Wenn andere reden, hat man Zeit, sich seine Gedanken zu machen. Den hinter der Kurtinenwand stehenden jungen Männern dauert das viele Gequassel schon zu lange. Plötzlich stellt einer fest, dass der auf der Rüstung stehende Harry in seiner Zimmerkluft und seinen über der Tonne gebügelten Beinen wie „Jango" aussieht. Alle Umstehenden finden die Bemerkung treffend und witzig und lachen sich einen. Da einer der Redner gerade eine für ihn humorvolle Passage abliest, freut er sich über das Lachen und kungelt durch's Mikrophon, was die Jungens wiederum be klatschen. Doch allmählich wird es zu Harry getragen, dass er wie „Jango" aussieht und damit ist – jedenfalls für die Jungens – der feierliche Teil des Festes gelaufen, denn Harry mimt „Jango" nun perfekt: Er schiebt sich den Hut ins Gesicht, knöpft sich die Jacke auf, schiebt die Schultern vor und bringt die Arme und Hände in Revolver-Greif-Stellung, seine O-Beine braucht er nicht mehr zu verändern, die sind sowieso echt. Als sich die gesamte, Festversammlung mehr auf „Jango" als auf den Senator konzentriert, ja, sogar die Reporterin ein Bild von ihm schießt, fühlt sich Meister Rolf verpflichtet, einzugreifen. Er raunzt die Jungens an: „So kann man auch mit kleinen Sachen den Zimmer-Piepeln Freude machen. Haltet endlich die Luft an, sonst kriegen wir keinen Bauauftrag mehr!" Und er wirft Harry einen Blick zu, so dass er hinter der Heimatfahne verschwindet. Endlich wird die Auflassung zu einem kleinen Imbiss gegeben. Die Redner gehen miteinander und scheinen sich ihre Reden zu erklären, alle anderen pirschen mit „Jango": „Spaß muss sein – sonst geht keiner auf 'ne Beerdigung."

Die Geladenen gehen zur Bastion Brandenburg zu den italienischen Höfen, so genannt, weil die Gastarbeiter aus Italien im 16. Jahrhundert hier ihr handwerkliches Können in Form von verschiedenen Mauerbögen gezeigt haben. Ein großes Tonnengewölbe, das gegenwärtig für die Ausbildung als Schalhalle genutzt wird, ist für den Richtschmaus hergerichtet worden.

An langen Tafeln haben ein paar hundert Leute Platz, der Bauherr hat sich nicht lumpen lassen. Obwohl die Betonbauer seitlich eine hölzerne Verlattung zur Verbesserung der Akustik angebracht haben, ist das Stimmengewirr so gewaltig, dass man nur mit Mühen sein eigenes Wort versteht. Kaum zu glauben: heute wartet die high society, als erstes bekommen die Jungens ihr Eisbein! Sonst ist es üblich, dass sich die Büroheinis ihre Wampe vollhauen, die Autofahrer tauschen ihre Schnapsmarken in Tabakwaren ein und sind nie wieder gesehen, für sie ist es eine Art kostenloser Betriebsausflug! Heute scheinen sie alle Sitzefleisch zu haben. Nach dem Essen und ein paar Bierchen brodelt es wie im Hexenkessel. Die Meister machen Platz und führen mit ihren Jungen den Zimmermanns-Klatsch vor. Einige Gäste versuchen sich auch. Ein Akkordeonspieler macht Stimmung und findet einige Lieder, die die Jungens begeistert mitsingen.

Die beiden Zimmermeister quatschen mit diesem und jenem, meist geht es um die Einweihung des Palas und um die strikte Einhaltung der Termine. Eines der wertvollsten Güter, die wir gegenwärtig haben, ist die Arbeit und die bemüht man sich, möglichst kurzfristig nach dem Leistungsprinzip zu erledigen. Sollen doch die Verantwortlichen zufrieden sein, für junge Leute so schöne Arbeit zu haben! Dann plötzlich sind ein paar Jungens da, nehmen an, dass man sie zum Bier einladen will, weil sie alles so ‚dufte hingekriegt' haben. Heute ist keiner mit Auto oder Motorrad gekommen, versteht sich! Olaf will wissen, was sich früher in der Kasematte abgespielt hat.

„Das bei weitem Wichtigste", versucht sich Meister Rolf verständlich zu machen, „war der berühmte Versuch zur Berechnung der Gravitationskonstante. Den Versuch kennt ihr ja, den haben einige Schüler mit ihrem Physiklehrer Siegbert, dem Tüftler, nachgebaut. Das Modell steht oben im Kommandantenhaus. Dieser Versuch fand hier in diesem Tonnengewölbe statt." Sie merken, dass er keine Lust hat, weitere Erklärungen abzugeben, denn es beginnt die Zeit des humorvollen Anmachens und der spaßigen Frötzeleien!

„Kennt Ihr den ...?! Ein Maurer ist auf der Baustelle tödlich verunglückt, sein Kollege wird verpflichtet, die furchtbare Nachricht nach Hause zu überbringen. Er geht das Treppenhaus hoch und sucht den Namen Meyer. Er findet das Namensschild und läutet an der Tür. Eine Frau öffnet ihm, und er sagt: ‚Ich möchte gern die Witwe Meyer sprechen.' Darauf sie empört: ‚Entschuldigen Sie, ich bin nicht die Witwe Meyer, sondern Frau Meyer', und er, ihr die Hand entgegenstreckend: ‚Na wetten, dass!'"

Kurz vor Mitternacht ist das Fest vorbei. Die Letzten verlassen notgedrungen die Gewölbe des italienischen Hofes, weil nacheinander das Licht gelöscht wird. Die Jungens sind schon alle vom Hofe. Einige müssen morgens um 5 Uhr raus, wenn sie pünktlich zum Arbeitsbeginn auf der Baustelle sein wollen. Morgen soll auch mit der Verlegung der Eichendielen auf den Balken begonnen werden. Einen verspäteten Arbeitsbeginn hat der Meister abgelehnt: „Dienst ist Dienst und Schnaps ist Schnaps!" Als er mit seinem Kollegen über den Abbundplatz auf der von alten Kastanien umsäumten Rasenfläche steht, merken beide, dass sie ein klitzekleines Ding in der Krone haben.

„Der Mohr hat seine Schuldigkeit getan – der Mohr kann gehen! Uns Mohren gesteht man noch nicht einmal einen normalen Abgang zu, wir werden geschmissen!"

„Fast vier Jahrzehnte sind wir nun hier und haben über 10.000 Jungens zu Facharbeitern ausgebildet und jetzt schmeißen sie uns Hals über Kopf raus. Wir sind ihnen nicht gut genug."

„Diese Scheiß-Festung: Zu Zeiten gebaut, als sie waffentechnisch total überholt war: General Thymen hat mit einem normalen Kanonenschuss die ganze Bastion Königin in die Luft gehen lassen."

„Nie hat sie die Bevölkerung beschützt, die Besatzer haben sie für ihre machtpolitischen Zwecke benutzt, immer haben sie die Falschen eingesperrt: Die Richter unter dem ‚Alten Fritz', die er ein wenig Demokratie lehren wollte, oder ‚Turnvater Jahn', der sich von den Besatzern freimachen wollte und dann die Nazis mit ihrem Gaslaboratorium; die da oben haben unsere Jungens nur gebraucht, den ganzen Dreck, das menschliche Unrecht, das Leid und das Elend, das diese Mauern abdeckten, abzuwaschen. Nun kann man ohne schlechtes Gewissen Staatsempfänge im Kommandantenhaus arrangieren ..."

Unter der 500 Jahre alten Winterlinde versöhnen sie sich wieder mit der Welt: „Die wird schön gezittert haben, als 1813 das Pulvermagazin in die Luft flog. Ihre Krone ist licht und fächerartig, der Stamm von Wunden und Narben bedeckt, die Wurzeln haben es schwer unter der Pflasterung an wasserführende Schichten zu kommen." – „Von der Linde soll ja eine versöhnende Kraft ausgehen. Ich meine sie schon zu spüren". Bei Vollmond, vor der Silhouette des ruinenhaften Baukörpers des Palas und vor dem schiefen Juliusturm, stimmen sie ein Wolfsgeheul an. Die Fledermäuse verlassen ihre Schlafplätze in den Katakomben und umschwirren die beiden Zurückgelassenen. Ein Fuchs schnürt über den Rasen – scheinbar etwas müde nach dem Spiel mit den Ratten aus den Kasematten – und verschwindet in Richtung Zugbrücke. Rolf zitiert des Türmers Lied:

**Zum Sehen geboren, zum Schauen bestellt,
dem Turme geschworen, gefällt mir die Welt!**

Sepp klopft Rolf freundschaftlich auf die Schulter: „Trotz alledem: Wir sollten dankbar sein für die schöne Zeit, die wir hier erleben durften!"

Die Spandauer Zitadelle

Baulicher Zustand Mitte des 20. Jahrhunderts

(Vogelsperspektive von Robinson 1960)

16. Einweihung des Palas

Wenn Du Dich mit anderen vergleichst,
magst Du eitel oder bitter werden,
denn es wird immer größere und
kleinere Menschen als Dich geben!

Auch die Jugend wird eingeladen in den Palas. Etwa ein Dutzend Spandauer Schüler haben die Gelegenheit, den Herrn Bundespräsidenten aus nächster Nähe kennen zu lernen. Maria und Olaf sind ausgewählt, als Vertreter der Otto-Bartning-Oberschule an dem Empfang teilzunehmen. Vorher hat der Präsident eine Wanderung durch den Spandauer Stadtforst gemacht, die Spandauer Innenstadt besichtigt und ist auf den Juliusturm gestiegen. Alles ist vom Chef des Protokolls publikumswirksam organisiert, auch im Festsaal des Palas wird Wert gelegt auf einen repräsentativen Schnitt durch die Bevölkerung: Vom kleinen Lehrling und Schüler bis zum Direktor, vom Unbekannten bis zum Regierenden Bürgermeister Berlins, vom Jungen bis zum Alten, vom kraftstrotzenden Sportler bis zum Rollstuhl fahrenden Gebrechlichen. Jeder der Geladenen verspricht sich eine Chance, mit dem Herrn Präsidenten ein paar Worte zu wechseln, ihm seine persönlichen Besorgnisse vorzutragen. Reporter verfolgen die Gesprächsverläufe, um alles Interessante zu erfahren und darüber berichten zu können. Einige politische Insider umringen gleich das Buffet, so dass der Präsident und die Bürgermeister Berlins und Spandaus etwas verlassen dastehen, als Schüler auf mittelalterlichen Musikinstrumenten spielen, denen sie fast allein die gebührende Beach-

Zitadelle – Lehre in der Schule

III.
18.30

Seit mehr als 30 Jahren können Schulabgänger in Berlin Bauberufe an einer Schule erlernen. Die Otto-Bartning-Schule in der Spandauer Zitadelle bildet Maurer, Installateure, Tischler und Zimmerleute aus.

Diese Lehre ist nicht etwa verschult, also nur theoretisch, die Otto-Bartning-Schule ist eine Produktionsschule. Sie hat eigene Baustellen, auf denen die Lehrlinge arbeitend lernen. Fast zwei Millionen Mark nimmt die Schule durch ihre Aufträge ein. Das reicht allerdings nicht aus, die Kosten dieser staatlichen Berufsausbildung zu decken.

Dieses Modell verbindet seit 1949 die Vorteile betrieblicher Lehre und schulischem Unterrichts, Theorie und Praxis. Zusätzlich zum Gesellenbrief erwerben 90 Prozent der Hauptschüler nach drei Jahren Lehre auch den Realschulabschluß. In den Fachoberklassen kann sogar das Fachabitur gemacht werden.

FERNSEHEN | 22. JANUAR 1981

tung schenken.
Einmal scheint es so, als würde der Bundespräsident seinen Blick von der eichenen Holzdecke und den Rundbogenfenstern zu dem in Zimemerertracht bei der

Jugend stehenden Olaf und zur Tischlerin Maria schweifen lassen, aber dieser Schein trügt. Ehe man sich versieht, ist Herr Carstens bei den Senioren, und ein Protokollant weist darauf hin, dass die mit dem Bundesverdienstkreuz Ausgezeichneten schon zu lange warten. Das Protokoll sieht vor, dass er in 30 Minuten zu einem Empfang im Charlottenburger Schloss sein muss, abends hat er eine Rede in der Staatsbibliothek zu halten.

„Hast Du irgendwas mitgekriegt, was er gesagt hat?" will Maria wissen.

„Einer hat gefragt, was er von der Friedensbewegung halte", erzählt Olaf. „Darauf antwortete er: ‚Sie sei wichtig, aber noch wichtiger zur Erhaltung des Friedens sei die Bundeswehr!' Und weiter: ‚Der Kern einer funktionierenden Demokratie, ihr Rückgrat, gleichsam ihre Seele, sei die uneingeschränkte Anerkennung der Mehrheitsentscheidungen. Unsere Gedanken, Sorgen, Wünsche und Forderungen werden von den in Verantwortung Stehenden alle bedacht."

Olaf überlegt, was er noch gehört hat: „Im allgemeinen findet Herr Carstens uns alle belastenden Probleme: FRIEDEN — UMWELTBELASTUNG — LEHRSTELLENKNAPPHEIT — JUGENDARBEITSLOSIGKEIT — HUNGER IN DER DRITTEN WELT — als interessant und wichtig. Aber er teilt in keinem Fall die Schlussfolgerungen, die wir daraus ziehen, immerhin respektiert er unsere Ansichten und unterstellt uns guten Willen."

Maria deutet in eine bestimmte Richtung des Saales:

„Sieh' dir Herrn von Weizsäcker an, der bei Amtsübernahme als Regierender Bürgermeister von Berlin versprach: ‚Meine Lebensaufgabe mit Fleisch und Blut. Nach dieser Aufgabe werden weitere nicht mehr folgen!' –

„Na ja, jeder Mensch kann sich irren – warum nicht auch ein Bürgermeister oder Präsident! Gegenwärtig schaut er so drein, als wären seine Sinne weit weg von hier. Höchstwahrscheinlich hat er das Buch seines Bruders ‚Wege in der Gefahr' und auch das Epplersche ‚Wege aus der Gefahr' gelesen und nun macht er sich Gedanken um unsere gemeinsame Zukunft!"

„Du kannst ja ganz schön ironisch sein", grinst Olaf.

„Nein, ich meine es ehrlich! Menschen wie Kelly, Brandt und Weizsäcker sind die einzige Chance für uns. Wir sollten ihnen Mut machen, neue Wege zu gehen." Sie lacht und nimmt Olaf an den Arm: „Tu' mir den Gefallen und sieh' nicht alles mit einem solchen Bierernst! Dazu fällt mir ein Witz ein: Ein Politiker trifft einen anderen und fragt ihn: ‚Was haben Sie in Ihrer Rede gesagt?' Der andere: ‚Wie immer – nichts!' ‚Das weiß ich, aber wie haben Sie es diesmal formuliert?'"

Endlich lacht auch Olaf.

„Jetzt gehen wir erst einmal rüber zum Buffet und sehen nach, ob die verfressenen Säcke uns einen Happen übrig gelassen haben!"

Festsaal des Zitadellen-Palas. Gestern hat Bausenator Rastemborski diesen restaurierten Raum dem Spandauer Bürgermeister in einer Feierstunde übergeben. Erst im Herbst wird das Obergeschoß für Ausstellungen fertig. Gesamtkosten: 4,7 Millionen DM.   Foto: Peters

Mittelalterlicher Palas der Zitadelle mit Fußbodenheizung

Gestern feierliche Übergabe des Festsaales — 4,7 Millionen DM

Aufs Jahr genau ist bis zur Stunde keiner imstande, das wahre Alter des Spandauer Zitadellen-Palas zu nennen. Das bleibt einstweilen verhüllt wie das Geburtsjahr einer alternden Diva. Aber mehr als 600 Jahre hat es schon auf dem Buckel, beziehungsweise auch das nicht ganz genau, denn das Herrenhaus, später Witwenhaus, auch Offizierskasino (Nazizeit) hat viele Veränderungen erfahren. Und was gestern von Bausenator Ulrich Rastemborski dem Bezirksbürgermeister Werner Salomon in einer Feierstunde übergeben wurde, der Festsaal, ist Ergebnis eines bald sechsjährigen Bemühens der Denkmalpflege und der Archäologen um ein „Abbild des Urbilds", wie Landeskonservator Helmut Engel den heutigen Palas gestern nannte.

Das Obergeschoß, vorgesehen als Ausstellungsort, soll im Herbst fertig werden. Alles in allem kostet das „Abbild" 4,7 Millionen DM (Bund und Land).

Der Palas stammt, soviel ist inzwischen heraus, aus der kleinen Spanne zwischen 1350 und 1375, war spätgotisch gemauert worden, was jetzt wieder zu erkennen ist, wurde aber im 16. Jahrhundert im damaligen Zeitgeschmack unter Kurfürst Joachim II. im Renaissance-Stil etwas umgemodelt. Und viele Veränderungen ging noch gefolgt bis zur „banalen", wie Engel die Einrichtung eines Wehrmachts-Offizierskasinos in den Dreißigern nannte.

Nun soll der Saal für Feierlichkeiten genutzt werden, für Stehempfänge, wobei dann 465 Personen Platz haben, für Anlässe, die im Sitzen gefeiert werden, wobei dann 250 Stühle hineinpassen.

Es war ein schwieriges Beginnen mit der Restaurierung. Es hatte das Fundament neu befestigt werden müssen, es hatte dabei Risse gegeben; in Jahrhunderten kommt ja einiges ins Rutschen. Landeskonservator und Archäologisches Landesamt haben Hand in Hand gearbeitet. Was der eine aus dem Erdreich ringsum, aus alten Gräben, Schicht für Schicht ein Jahrhundert, hervorholte, diente dem anderen als wichtiger Anhaltspunkt. Engel betonte, daß eine Rekonstruktion nur in Ausnahmefällen in Frage kam. Das Hauptaugenmerk wurde auf die Bewahrung „geschichtlicher Dokumente" gerichtet. An die Gegenwart, an Sicherheitsvorschriften, mußten Zugeständnisse gemacht werden. Es gibt Fluchtwege zum Juliusturm und später auch ein unterirdisches Bauwerk zwischen Turm und Bastion König, verbunden mit Foyer, Garderoben und auch Toiletten.

Einiges Ziegelwerk, historischer Vorlage nachgestaltet, handgestrichen, wurde aus Dänemark für sehr viel Geld (pro Stück 50 DM) herbeigeschafft, hierzulande sei eine solche Manufaktur nicht zu finden gewesen.

Der Festsaal hat übrigens Fußbodenheizung unter den Fliesen, Heizkörper würden nun wirklich fremd wirken im Saale. Es soll dieser angeblich in uralter Zeit verputzt gewesen sein. Jetzt jedenfalls hat man das schöne Ziegelwerk freigelassen.

Die feierliche Übergabe des Saales an den Bürgermeister wurde ausgeschmückt mit Musik auf alten Instrumenten, mit Tänzen der Renaissance, das eine besorgt von der Musikalischen Compagney, das andere vom Ensemble für alte Tänze der Musikschule Zehlendorf. Unter den Gästen neben Umweltsenator Hassemer, Bezirkspolitikern und Abgeordneten auch ein strahlender Harry Ristock; er hatte als Bausenator die Restaurierungsarbeiten mit Verve vorangebracht.   -erk

47

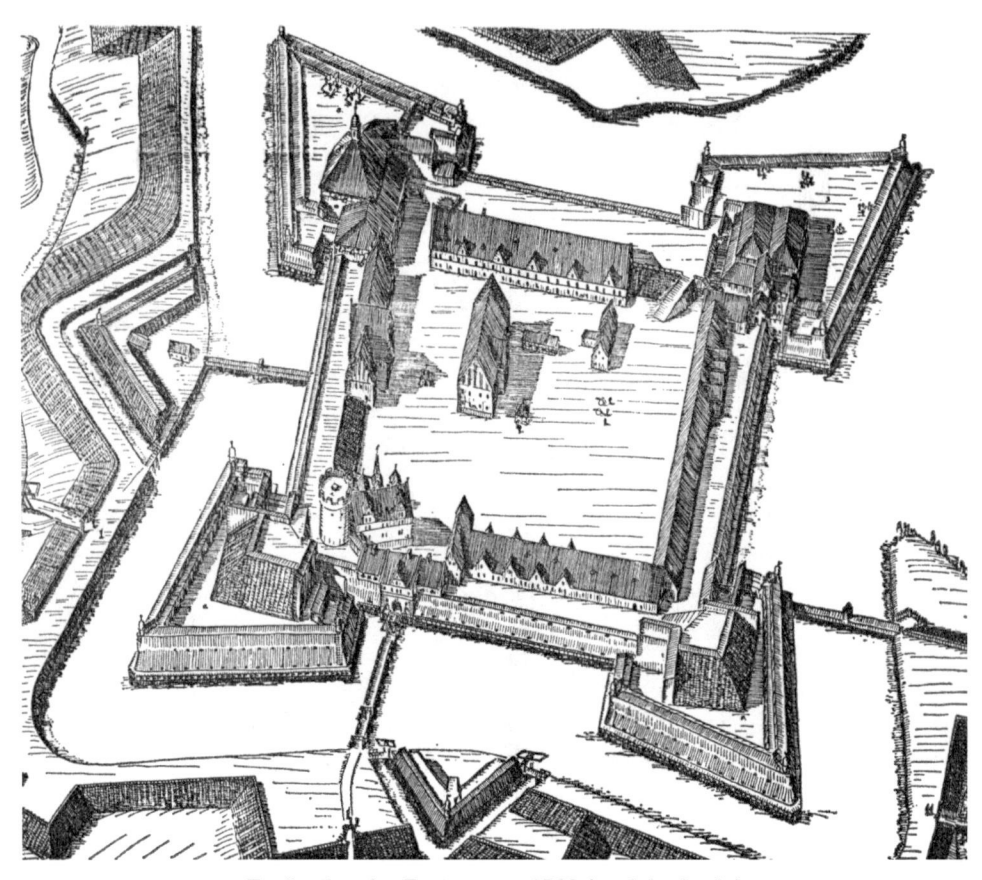

Explication der Festung um 1560 (nach Ludewig)

17. Haus Kreisau: Wertvolle Partnerschaft und Friedensarbeit

Im Jahre 1957 wurde die Evangelische Berufschularbeit (EBA) gegründet. Harald Pölchau lud die Berufsschullehrer zu Diskussionsabenden in das Charlottenburger Gemeindezentrum ein. Pölchau war nicht nur Pfarrer, sondern auch Sozialist und Humanist. Er war Hüter der drei Säulen, auf denen unsere abendländische Kultur ruht. Danach richteten sich auch die Themen, die diskutiert wurden, z.B. Theodor Litt: „Das Bildungsideal der deutschen Klassik und die moderne Arbeitswelt" oder Karl Jaspers: „Die geistige Situation der Zeit". Der EBA ging es nicht darum, Religionsunterricht anzubieten, sondern Kirche und christlichen Glauben in der berufsbildenden Schule eine Stimme zu geben. 1957 wurde Franz von Hammerstein „Pfarrer für die industrielle Berufsschuljugend". Im Rahmen des Sozialkundeunterrichts war er gefragter Referent wie auch sein Kollege der katholischen Kirche Pfarrer Knüppel.

Anfang der 50er Jahre gründete Präses Lothar Kreyßig die **Aktion Sühnezeichen**. Als Zeichen der Versöhnung sollten in europäischen Ländern zerstörte Gebäude wieder hergerichtet oder neue gebaut werden. Freiwillige für Kriegsdienste fanden sich vor allem in der Spandauer Bauschule. Sie arbeiteten ohne Bezahlung entweder in ihrer Freizeit oder nach ihrer Ausbildung. So arbeitete der Gewerbelehrer F. Eichel mit Schülern in Coventry, der Lehrer E. Buczys wurde zwei Jahre für Auslandseinsätze in Griechenland freigestellt. Er baute mit Jugendlichen eine Zisterne in Servia und Wasserleitungen auf Kreta. Schüler und Lehrer leisteten Friedensdienste in Norwegen (Hammerfest, Kirche), in Frankreich (Taize', Friedensdorf), in der CSSR (Lidice, Mahnmal), in Österreich (Mauthausen, ehemaliges KZ), und als Partner der Kriegsgräberfürsorge in verschiedenen Ländern.

Anfang der 1970er Jahre entstand in Kladow die Jugendherbergsstätte „Haus Kreisau". Hier belegten Lehrer und Schüler ein- und mehrtägige Seminare. Die gut ausgebildeten Mitarbeiter gaben sich hohe Bildungsziele: Seelsorge an der arbeitenden Jugend, Hilfe zur Mündigkeit, Sinn- und Werteorientierung, gesellschaftliche Partizipation. Die pädagogisch gut durchdachte Arbeit in heiterer Atmosphäre stellte sich als eine sinnvolle Ergänzung zu der streng gegliederten beruflichen Ausbildung dar. Treue Weggefährten über Jahrzehnte waren Theo Lorentz, Maria von Franzecky und Max Kaiser.

Nationalsozialismus als Thema

Schüler besuchten in Spandau Stätten des braunen Terrors

Nationalsozialismus als Thema im Berufsschulunterricht: auf Vorschlag der beiden Deutschlehrer Karl-Heinz Niedermeyer und Wolfgang Meckel befaßte sich die Klasse der Holzmechaniker im dritten Ausbildungsjahr im Oberstufenzentrum Bautechnik/Holztechnik an der Nonnendammallee einmal intensiver mit der Zeit des „Dritten Reiches". Im Projekt „Stadtgeschichte Berlin" holte man sich für den Teil über den Nationalsozialismus den Historiker Prof. Dr. Wolfgang Wippermann von der Freien Universität zur fachlichen Unterstützung dazu. Speziell erarbeiteten sich die Schüler das Thema an ihrer nächsten Umgebung, in diesem Fall am Beispiel Spandau.

Man bildete vier Arbeitsgruppen, die sich mit den Themen „Aufstieg der NSDAP", „Machtergreifung", „Erich Meier" und „Republikaner" beschäftigen sollten. Wolfgang Wippermann stellte die Materialien zur Verfügung, und die Schüler entschieden dann, worauf sie besonders eingehen wollten.

Dazu fuhr man in Spandau zu Stätten des Nationalsozialismus, sprach mit Zeitgenossen und hatte ein Gespräch mit Bernhard Andres und Frank Degen von den Republikanern (REP) im Schöneberger Rathaus. Man machte Fotos von den ehemaligen Lokalen der Nationalsozialisten, von den „wilden KZ's", wie dem sogenannten „Blutkeller" in der Breiten Straße 66 oder dem SA-Heim „Drechsel" in der Wilhelmstraße 20.

Die Jugendlichen gingen dem Leben des Kommunisten Erich Meier nach, der 1933 verraten, gefoltert und erschossen wurde. Auch ein Besuch seines Grabes auf dem Friedhof „In den Kisseln" stand auf dem Programm. Bei den Recherchen stellte man aber auch fest, daß vieles nicht mehr vorhanden ist.

Beim Gespräch mit den Republikanern hatte man Fragen zu den Themen Familie und Ausländer vorbereitet. Zur Überraschung der AG kam eine ruhige und sachliche Diskussion zustande. Doch ein Fazit aus dem Treffen mochten die Schüler nicht so recht ziehen. Sie vertraten die Meinung, daß deren Denken Ansichtssache sei. Mit den Vorstellungen der REPs konnten sie sich aber nicht identifizieren.

Die Ergebnisse aus den vier Arbeitsgruppen wurden zusammengetragen, man schrieb Texte, machte Fotos und stellte alles auf drei Schautafeln für eine schulinterne Ausstellung zusammen, die zur Zeit noch zu sehen ist.

Am 2. Mai schloß man die gut achtwöchige Projektarbeit mit dem Besuch der Ausstellung „Topographie des Terrors" am Martin-Gropius-Bau ab.

Vom 20. Mai bis 3. Juni werden 14 Schüler der Klasse noch zu einem Arbeitseinsatz ins KZ Mauthausen in Österreich fahren. Ganz konkret werden sie dort denkmalpflegerische Arbeiten durchführen, zum Beispiel neue Fenster einsetzen, die sie im OSZ während des Unterrichts angefertigt haben. Diese Fahrten werden jährlich durchgeführt, die Klasse sucht man berufsspezifisch, je nach Bedarf in Mauthausen, aus.

Im OSZ Bau/Holz hat man vor einigen Monaten damit begonnen, noch verstärkter das Thema „Nationalsozialismus" im Unterricht aufzugreifen. Der Hintergrund für die Initiative der Lehrer war vor allem der Aufstieg der Republikaner. Vor den Kommunalwahlen hatte man in einigen Klassen Testwahlen veranstaltet und dabei erschreckende Ergebnisse für die REPs verzeichnet. 60 bis 70 Prozent der Erstwähler entschieden sich für die REPs. Mit Projekten und Arbeitsmaterialien will man deswegen noch einmal auf die Gefährlichkeit des Faschismus hinweisen.   chde

Wolfgang Wippermann (rechts), Karl-Heinz Niedermeyer (Mitte mit Brille) und die Schüler des dritten Ausbildungsjahres des OSZ Bau/Holz.   (Foto: Debusmann)

Gedenkstätte Lidice in der Tschechischen Republik, ehem. CSSR

Ehemaliges Konzentrationslager Mauthausen (Österreich)

Friedenshaus in Sievershausen, Niedersachsen

Oberösterreichische Nachrichten

VEREINIGT MIT DER · TAGES-POST · GEGRÜNDET 1865

S 6.— · Dinar 650.— · ☎ 0732/2805-0 · Nr. 143* · Mittwoch, 24. Juni 1987

PARTEIFREIE UND UNABHÄNGIGE TAGESZEITUNG

19 Berliner Tischlerlehrlinge renovieren KZ-Gedenkstätte

MAUTHAUSEN (OÖN-hh). Ein großes Dankeschön müßte langsam einmal die Republik Österreich der Berufsfachschule für Bauhandwerker in Berlin-Spandau sagen. Seit fünf Jahren kommen jeweils in den letzten zwei Schulwochen Lehrlinge einer zweiten Klasse und werken kostenlos, aber sehr effektiv in der KZ-Gedenkstätte Mauthausen. Bisher waren Elektriker, Rohrleger, Maurer (die eine neue Stützmauer bei der Todesstiege errichtet haben) und heuer zum zweiten Mal Tischler an der Arbeit. Der mühselige Amtsweg hat aber bisher verhindert, daß die jungen Leute als Lohn wenigstens kostenlos unsere Museen oder Sehenswürdigkeiten besuchen dürfen.

Heuer sind es 19 Tischlerlehrlinge — unter ihnen drei Mädchen —, die in der ehemaligen Küchenbaracke des Lagers alle 42 Fenster reparieren und dabei zehn durch neue ersetzen. Außerdem werden die beiden zweiflügeligen Türen erneuert. Die Deutsche Kriegsgräberfürsorge,

die das Projekt betreut, hat das nötige Material bezahlt; Werklehrmeister hatten im Frühling an Ort und Stelle erkundet, was geschehen sollte und Maß für die neuen Türen und Fenster genommen.

Ein Lehrer, der die jungen Leute begleitet, hatte „Bedenken wegen des Orts und der Auseinandersetzung damit", wie er den OÖN erzählte, aber sie sind „vorgefaßte Meinungen". Das sagen auch die jungen Leute. Susan (19): „Mir geht es in erster Linie darum. Praxis in meinem Beruf zu erwerben; aber ich finde es auch gut, diese Gedenkstätte für die Nachwelt zu bewahren." Mario (18) sagt: „Ich tu es für mich, weil ich Montagearbeit kennenlernen will. Allerdings ist es hart daran zu denken, daß jeden Stein hier ein Jude versetzt hat." Michael und Stefan, beide 18 Jahre alt, beteuern: „Wir denken nur an unsere Arbeit, nicht was einst hier war. Das KZ interessiert uns nicht."

19 BERLINER Lehrlinge arbeiten derzeit an neuen Fenstern und Türen für die ehemalige Küchenbaracke im KZ Mauthausen.
Foto: OON

18. Otto-Bartning-Schule feiert 30-jähriges Bestehen

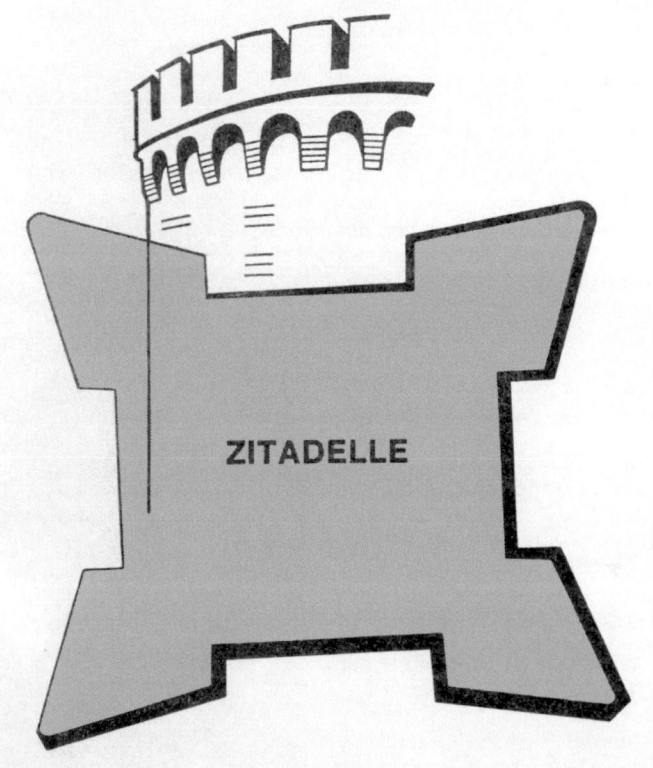

OTTO-BARTNING-OBERSCHULE VIII, 01

23. Mai 1949—23. Mai 1979

ZITADELLE

BERUFSFACHSCHULE · FACHOBERSCHULE · BERUFSSCHULE

Da also stehen wir
Hinter uns die Fülle des Gewesenen
Vor uns die Fülle des Möglichen
Otto Bartning

Otto Bartning
Ein Name — ein Mensch — ein Werk

Professor Dr. theol. Dr. Ing. Otto Bartning starb am 20. Februar 1959 im Alter von 75 Jahren (geboren 1883) und wurde am 4. Mai 1960 zum Namens-Patron unserer Schule.

Seinen Werdegang darf man als Lehrer jungen Menschen nur mit gewissen Vorbehalten empfehlen, denn dieser war ein wenig „unordentlich", jedenfalls in den Jahren vor 1905.

Otto Bartning hat nach seinem Abitur nie wieder eine Abschlußprüfung abgelegt. Die beiden Doktortitel der Theologie und der Ingenieurwissenschaft sind ihm von der Universität Königsberg und der Technischen Hochschule in Aachen wegen seiner Verdienste ehrenhalber verliehen worden.

Er hat natürlich ab und an einige Semester Architektur und Kunstgeschichte studiert, zunächst nach dem Abitur zwei Semester an der (damals noch) Technischen Hochschule zu Berlin-Charlottenburg. Aber zwischendurch war er monatelang zu Segelfahrten und zum Hummernfang auf Helgoland, umrundete in anderthalb Jahren von Hamburg aus über Amerika, Japan, China, Indien und den Orient, zu Wasser und zu Lande einmal die Erde und betätigte sich als Schiffsjunge, Viehhirt und Lehrling der Bautischlerei, auf dem Zimmerplatz, im Steinbruch und auf der Baustelle.

Von 1905 bis 1943 arbeitete Otto Bartning als freischaffender Architekt in Berlin, ab 1943 in Neckarsteinach und Heidelberg und von 1951 an in Darmstadt. 1955 wurde er als Städtebaulicher Berater nach Berlin gerufen und mit dem Vorsitz des Ausschusses der Interbau betraut.

Wegen seiner großen Lebenserfahrung, wegen seines umfassenden künstlerischen Vermögens und seiner ungewöhnlichen menschlichen Güte, hat Otto Bartning einen hervorragenden Platz im geistigen Leben unserer Zeit eingenommen. Er wurde von vielen, besonders auch von suchenden jungen Menschen, um Rat angegangen und setzte sich für alle ein, soweit er nur konnte.

In seinem Leben wurden ihm zahlreiche Ämter verliehen, unter anderem war er von 1926 bis 1930 Direktor der Staatlichen Hochschule für Handwerk und Baukunst in Weimar. Für entsprechende Amtsperioden war er Präsident des Bundes Deutscher Architekten und Vizepräsident des Deutschen Werkbundes. Mit besonderer Freude übernahm er die Leitung der Technischen Kommission für den Wiederaufbau der jahrelang aus Übungsgründen von der britischen Luftwaffe bombardierten Insel Helgoland.

Otto Bartning

8

Anerkennung

In der Festschrift zum 30-jährigen Bestehen der Schule senden Persönlichkeiten aus Politik und Wirtschaft **Grußworte**, die hier in Auszügen genannt werden:

Senator für Schulwesen, Walter Rasch:
… innerhalb des Berufsbildenden Schulwesens kommt der Otto-Bartning- Schule eine besondere bildungspolitische Bedeutung zu. Sie hat ihre Ausbildungsplätze von 277 im Jahre 1976 auf 525 im Jahre 1979 gesteigert. Nach 30 Jahren in der Zitadelle wird sie bald in das Oberstufenzentrum Bautechnik umsiedeln, wo sie ihre erfolgreiche Arbeit fortsetzen wird.

Senator für Bauwesen, Harry Ristock
… Die OBOS hat die besondere Qualifikation für alte Handwerkskunst unter Beweis gestellt, die Heranbildung und Förderung qualifizierter Handwerker, ist eine Gewähr für ein erfolgreiches Wirken in der Zukunft.

Handwerkskammer Berlin, Heinz Wiesecke
… Entwicklungen, die von außen auf die Schule einwirkten, haben den Inhalt des pädagogischen Programms geprägt und geformt. Die Schule hat Flexibilität und Anpassungsfähigkeit gezeigt, wenn sich der Arbeitsmarkt veränderte, über Berlins Stadtgrenzen hinaus ist sie bekannt und sucht ihresgleichen.

Industrie- und Handelskammer Berlin, Horst Elfe
… Drei Jahrzehnte erfolgreiche pädagogische Arbeit, in der über 10.000 junge Menschen ihre Ausbildung erhielten. Ich möchte die erfolgreiche und pädagogische Zusammenarbeit mit der Berliner Wirtschaft auf dem Gebiet der überbetrieblichen Ausbildung hervorheben. Ich werte sie als Ausdruck einer engen Kooperation zwischen den Ausbildungsbetrieben und der Berufsschule.

Diese Statements waren äußerst wichtig für den Fortbestand der Schule. Leistungsnachweise in praktischen und theoretischen Bereichen sowie diplomatisches Geschick zeichneten sich aus.

Die Berufsfachschule — Schule der Zukunft?

Vom Tiergarten in die Havelstadt

Am 1. 6. 1945 wurde von der Bezirksverwaltung Tiergarten eine „Bauschule" gegründet, die alsbald nach der Konstituierung des neuen Magistrats von Groß-Berlin als überbezirkliche Anstalt übernommen wurde. Die Schule wurde dem Hauptschulamt des Magistrats unterstellt. Die „Arbeitsbauschule von Groß-Berlin" war untergebracht im ebäude der Gaußschule im Bezirk Tiergarten und im Gebäude der Hochschule für Bildende Künste am Steinplatz.

Nach der Spaltung Berlins im November 1948 und der Konstituierung des Magistrats von Berlin (West) bemühte man sich, für die Berufsfachschule für das Baugewerbe eine neue Unterkunft zu finden. Gaußschule und Hochschule für Bildende Künste erhoben Anspruch auf ihre alten Gebäude. Es bot sich die Spandauer Zitadelle an. Als ehemaliges „Heeresgasschutzlaboratorium der Wehrmacht" und militärische Festungsanlage sollte sie aufgrund des Potsdamer Abkommens geschleift werden. Durch den Einzug der Schule im Jahre 1949 wurde sie vor der Zerstörung bewahrt. Die auf dem Zitadellengelände befindlichen historischen und ebenso in der Nazizeit errichteten Bauten waren in einem trostlosen Zustand: Direkte Kriegseinwirkungen und planvolle Zerstörungen und Ausplünderungen durch die Schergen des NS-Staates, die ihre unheilvolle Tätigkeit vergessen machen wollten, hatten Bauruinen hinterlassen. Die Berufsfachschüler bauten in den folgenden Jahren ihre eigene Schule.

Von der Schule werden 52.200 m² als Unterrichts- und Werkstatträume genutzt, als Grünflächen sind 9.800 m² vorhanden, 5.250 m² standen einmal als Sportflächen zur Verfügung.

Der Bildungsauftrag im Wandel

Jede berufsbildende Schule ist ein Dienstleistungsbetrieb. Der Bildungsauftrag ist abzuleiten von den jeweiligen Bedürfnissen der Gesellschaft. Für die Existenz der Schule nach dem 2. Weltkrieg gibt es hauptsächlich folgende Gründe.

1. Die Wirtschaft war nicht in der Lage, die berufliche Ausbildung in vollem Umfange zu übernehmen. In Berlin (West) waren damals über 20.000 Jugendliche arbeitslos

2. Nach dem Zusammenbruch 1945 gab es eine große Zahl von Personen, die in ihrem bisherigen Beruf (z. B. Rüstungsindustrie) keine Beschäftigung fanden.

3. Experten waren der Ansicht, daß bei den umfangreichen Zerstörungen auf dem Baugebiet für mindestens 50 Jahre Arbeit vorhanden sei.

4. Laut Statistik war der Bauarbeiterstand stark überaltert. Die Zufügung jüngerer Arbeitskräfte erschien notwendig.

In den 50er Jahren wurden die hier genannten Gründe fragwürdig. Die Wirtschaft gesundete, es gab keine Berufsnot der Jugendlichen mehr. Im Jahre 1956 wurde die Schule reorganisiert: Im Rahmen des 2. Bildungsweges erhielten bildungswillige Hauptschulabsolventen die Möglichkeit, neben der beruflichen Erstausbildung allgemeinbildenden Unterricht zu besuchen. Beruflicher Abschluß und realschulgleiche Schulbildung berechtigten zum Besuch einer Ingenieurschule oder später Ingenieur-Akademie.

Anfang der 70er Jahre vollzog sich wiederum ein Wandel. Die über 5 Jahrzehnte alten beruflichen Ordnungsmittel wurden durch neue ersetzt. Fachpraktische und fachtheoretische Ausbildung wurden neu strukturiert. Aus den Aka-

11

demien wurden Fachhochschulen, die man nur nach dem erfolgreichen Besuch einer Fachoberschule besuchen durfte. Die Anforderungen an die Auszubildenden und an die Schüler wurden erhöht.

Die Otto-Bartning-Schule erhielt 3 Abteilungen

1. Berufsfachschule für Bauhandwerker
2. Fachoberschule für Bauwesen
3. Berufsschule für Bauhandwerker und Vermessungstechniker

Vorbild: Dessauisches Bauhaus

Die im Jahre 1945 gegründete „Bauschule von Groß-Berlin" sollte die Ausbildung in 3 Stufen durchführen:

▶ Baufacharbeiter mit der nachfolgenden Möglichkeit der Weiterbildung zum Polier und Handwerksmeister,
▶ Aufbauendes Studium für Bauingenieure,
▶ Ausbildung begabter Bauingenieure zu „akademischen" Architekten.

Diese umfassende Bildungsaufgabe kann man vergleichen mit der des Dessauischen Bauhauses. Im Bauhaus wurde versucht, auf der Grundlage handwerklichen Könnens industrielle Produktionsmethoden zu durchdenken, neue materialadäquate Formen zu entwickeln aus dem Umgang mit dem Material. Leider ließ sich der bedeutsame Ansatz nicht in unsere bildungspolitischen Gegebenheiten übertragen. Sekundarstufe, Berufsbildendes Schulwesen, Tertiärer Bildungsbereich, Fachhochschule, Universität bilden institutionell in sich abgeschlossene Einheiten. Die Schule hat alles versucht, den Bauhaus-Gedanken am Leben zu halten.

Sie hat mit dem Internationalen Design-Zentrum (IDZ) zusammengearbeitet, die Schüler haben mit Architekten künstlerische Gestaltungsarbeit am Bau übernommen, Schüler und Lehrer haben Anregungen erhalten durch Künstler, die im Austauschprogramm in unserer

Stadt weilten und in unseren Werkstätten arbeiteten. Gegenwärtig wird versucht im Sanierungsprogramm anfallende handwerkliche Fertigkeiten zu tradieren. Dies alles sind ermutigende Ansätze, die über die normale Arbeit einer berufsbildenden Schule hinausgehen.

Besonderheit: Produktionsbetrieb

Die Berufsfachschule verfügt über einen eigenen Produktionsbetrieb. Sie übernimmt Bauaufträge des Landes Berlin mit allen im Bauwesen üblichen Verpflichtungen. Die Schule hat in 3 Jahrzehnten im Hochbau, im handwerklichen Innenausbau und im haustechnischen Bereich Aufträge im Wert von einigen Mill. DM erhalten. Die Tatsache, daß die Schule über einen eigenen Produktionsteil verfügt, hat folgende Vorteile: Es besteht das Prinzip der Lebensnähe, der Ernstfall braucht nicht simuliert zu werden;

der Jugendliche arbeitet nicht für den Papierkorb oder die Müllkippe, sondern er schafft Werte;

das Praxis-Theorie-Verhältnis läßt sich optimal lösen;

Lehrer und Werklehrmeister bilden ein Tutorenteam, das erzieherisch auf die jugendliche Persönlichkeit einwirken kann;

im Gegensatz zu Spezialbetrieben lernt der Jugendliche den Produktionsprozeß in seiner Gesamtheit kennen.

Nicht jede produkttive Arbeit ist pädagogisch sinnvoll, deshalb hat der Betrieb neben den 40 Werklehrmeistern ca. 40 Bauhandwerker, Bauwerker und Bauhilfsarbeiter, die die Arbeit auf den Baustellen vorantreiben.

Trotzdem stellt die Einhaltung der Bautermine für die Schule ein besonderes Problem dar. Bei Aquisitionsgesprächen stellt die Terminierung einen entscheidenden Punkt dar, obwohl alle Bauherren wissen, daß Lehrlinge nach dem Grundsatz bauen: Was lange währt, wird gut! Dieses an der Schule praktizierte Verfahren scheint für einen Dienstleistungsbetrieb bedeutsam zu sein: Durch Verlängerung der Bauzeit entstehende Mehrkosten (Bauüberwachung, Preisindex) werden von der Schule getragen. Hierdurch wird ein allgemeines gesellschaftliches Problem (Jugendarbeitslosigkeit) zufriedenstellend gelöst.

Auszubildende und Schüler

Nach Ende des 2. Weltkrieges bis zum Jahre 1956 wurde die Ausbildungskapazität der Schule auf 700 Plätze festgesetzt. Um ein Haus möglichst vollständig bauen zu können, waren die wichtigsten Gewerke des Bauhaupt- und Baunebengewerbes im Ausbildungsangebot vertreten:

Maurer, Betonbauer, Zimmerer, Dachdecker, Klempner, Tischler, Glaser, Maler, Rohrinstallateure, Elektroinstallateure, Bauschlosser, Ofensetzer.

Nach Beendigung der Berufsnot der Jugend Mitte der 50er Jahre wurde nicht mehr in 12, sondern nur noch in 7 Berufen ausgebildet und die Ausbildungskapazität wurde auf 500 Lehrlinge reduziert. Da es nicht um darum ging, handwerkliche Fertigkeiten zu schulen, wählte man Berufe aus, deren Grundwissen das Fundament für ein Studium an einer Techniker- und Ingenieurschule darstellt. Ausbildungsberufe waren Maurer, Beton- und Stahlbetonbauer (Vorstufe: Hochbaufacharbeiter), Zimmerer (Vorstufe Ausbaufacharbeiter), Holzmechaniker, Bauschlosser, Rohrinstallateure, Elektroinstallateure. Gegenwärtig stehen 546 Plätze für Berufsfachschüler und 28 Plätze für Praktikanten zur Verfügung. Seit 1945 hat die Schule ca. 15.000 Jugendliche im Bauhaupt- und Baunebengewerbe ausgebildet. Aus einer langjährigen Statistik

geht hervor, daß von ihnen ca. 93 % die Facharbeiterprüfung bestanden haben und 82 % der Hauptschulabsolventen zu einem realschulgleichen Abschluß gekommen sind. Abgänge nach der Probezeit während der Ausbildung waren äußerst gering, sie liegen unter 3 %. Befragungen von über 1000 ehemaligen Schülern ergaben folgendes Bild:
38 % als Facharbeiter tätig
24 % im Studium
17 % im öffentlichen Dienst
  7 % im Berufsbereich als Polier und
        Meister
  7 % im Berufsbereich als Ingenieure
        und Architekten
  7 % in anderen Berufen

Bedeutung der Schule

Eine Darstellung des Jubilars fällt schwer und erscheint vermessen. Die folgenden Ausführungen basieren auf Aussagen Dritter, die diese über die Schule in der Vergangenheit getan haben. Diese Aussagen lassen erkennen, daß die Schule weit über die Grenzen unserer Stadt Anerkennung und Zuspruch gefunden hat. Es sollen hier nur die wichtigsten Punkte genannt werden.

1. Die Schule kann den wechselnden Bedürfnissen des Arbeitsmarkts angepaßt werden und hat in Zeiten der Berufsnot Jugendlicher eine ausbildungsregulierende Rolle gespielt.

2. Seit ihrem Bestehen wurde den Schülern der Zugang zum Berufsleben eröffnet mit allen Möglichkeiten des beruflichen Aufstiegs und außerdem wurden allgemeine Bildungsinhalte angeboten, die auf ein weiterführendes Studium vorbereiten (Doppelqualifikation).

3. Aus der pädagogischen Literatur ist zu entnehmen, daß die Vorarbeiten der Schule im Praxis-Theorie-Bereich beispielhaft gewesen sind, das betrifft:

13

● die lehrgangsmäßige Aufgliederung von Fachpraxis-Blöcken (seit 1959)

● die Entwicklung eines pädagogisch durchdachten Medienpakets (Zusammenarbeit mit dem BBF und BIBB)

● die Entwicklung eines pädagogisch-didaktischen Ansatzes für das BGJ und die Fachstufe.

4. Der Beweis, daß eine abgestimmte Zusammenarbeit von Wirtschaft und Schule zu optimalen Ausbildungsbedingungen für die Auszubildenden führt, ist erbracht worden:

● Gleiche Arbeitsbedingungen sorgen für eine volle Anrechenbarkeit der Ausbildung (40-Std.-Woche, 21 Tage Urlaub/Jahr).

● Keine schulinternen Prüfungen, sondern Prüfungsbedingungen der Kammern.

● Ausbildungsvergütungen im Schnitt wie in der Wirtschaft.

● Absolventen der Schule hatten kaum Schwierigkeiten bei der Übernahme in das Beschäftigungssystem.

5. Es wurde dargelegt, daß die produktive Arbeit nicht nach den Prinzipien wirtschaftlicher Kostenrechnungen geplant wird, sondern an Ausbildungszwecken orientiert ist. Ein hohes Maß an öffentlicher Kontrolle der Ausbildungsinhalte in Theorie und Praxis ist gegeben.

6. Die Betreuung der Schüler bezieht sich nicht nur auf den technischen Bereich. Werklehrmeister, Lehrer und Personalrat haben auch ihre Aufgabe darin gesehen, die jungen Menschen zu verstehen und ihnen bei der Einordnung in das Erwachsenenleben zu helfen.

7. Schulen und Tradieren handwerklicher Fertigkeiten ist ein besonderes Anliegen der Schule; durch das Einrichten einer Bauhütte in der Bastion

14

Kronprinz der Spandauer Zitadelle sollen schulische Ansätze verstärkt und institutionalisiert werden.

8. Die Otto-Bartning-Oberschule hat zu einer wesentlichen Bereicherung der Debatte um die Reform der gesamten beruflichen Bildung beigetragen.

Die im Juliusturm von unseren Zimmerern hergestellte Treppe

Aus dem „Programm" des Bauhauses in Weimar April 1919, von Walter Gropius

Ziele des Bauhauses:

Das Bauhaus erstrebt die Sammlung alles künstlerischen Schaffens zur Einheit, die Wiedervereinigung aller werkkünstlerischen Disziplinen – Bildhauerei, Malerei, Kunstgewerbe und Handwerk – zu einer neuen Baukunst als deren unablösliche Bestandteile. Das letzte, wenn auch ferne Ziel des Bauhauses ist das Einheitskunstwerk – der große Bau –, in dem es keine Grenze gibt zwischen monumentaler und dekorativer Kunst. Das Bauhaus will Architekten, Maler und Bildhauer aller Grade je nach ihren Fähigkeiten zu tüchtigen Handwerkern oder selbständig schaffenden Künstlern erziehen und eine Arbeitsgemeinschaft führender und werdender Werkkünstler gründen, die Bauwerke in ihrer Gesamtheit – Rohbau, Ausbau, Ausschmückung und Einrichtung – aus gleichgeartetem Geist heraus einheitlich zu gestalten weiß.

Grundsätze des Bauhauses:

Kunst entsteht oberhalb aller Methoden, sie ist an sich nicht lehrbar, wohl aber das Handwerk. Architekten, Maler, Bildhauer sind Handwerker im Ursinn des Wortes, deshalb wird als unerläßliche Grundlage für alles bildnerische Schaffen die gründliche handwerkliche Ausbildung aller Studierenden in Werkstätten und auf Probier- und Werkplätzen gefordert.

Die Schule ist die Dienerin der Werkstatt, sie wird eines Tages in ihr aufgehen, deshalb gibt es nicht Lehrer und Schüler im Bauhaus, sondern Meister, Gesellen und Lehrlinge.

Die Art der Lehre entspringt dem Wesen der Werkstatt:

Organisches Gestalten wird aus handwerklichem Können entwickelt. Vermeidung alles Starren, Bevorzugung des Schöpferischen, Freiheit der Individualität, aber strenges Studium.

Gemeinsame Planung umfangreicher utopischer Bauentwürfe mit weitgestecktem Ziel. Mitarbeit aller Meister und Studierenden – Architekten, Maler Bildhauer – an diesen Entwürfen mit dem Ziel allmählichen Einklangs aller zum Bau gehörigen Glieder und Teile. Ständige Fühlung mit Führern des Handwerks und der Industrie im Lande. Pflege freundschaftlichen Verkehrs zwischen Meistern und Studierenden außerhalb der Arbeit; dabei Theater, Vorträge, Dichtkunst, Musik, Kostümfeste. Aufbau eines heiteren Zeremoniells bei diesen Zusammenkünften.

Bauhaus-Archiv, Gropius-Bau. Erste Fassung 1964 (Modell: Spende Rosenthal)

15

Die Berufsschule für Vermessungstechniker

Wo Frauen und Männer vom Bau am Werk sind, da muß auch vermessen werden: vorher zwecks Planung, während des Bauens zur Absteckung und Kontrolle, hinterher zur Übernahme der Neubauten in die bereits vorhandenen Messungen und Pläne.

So kam es, daß nach dem Zweiten Weltkrieg die Ausbildung der Vermessungstechniker der Berufsschule für die Bauhauptberufe angegliedert wurde. Es konnte keinen besseren Platz dafür geben, als die Zitadelle Spandau. Hier bot sich ein Gelände an, das jahrhundertelang ausschließlich militärischen Zwecken gedient hatte und als Festungswerk noch um 1910 in amtlichen Karten als weißer Fleck am Havelufer dargestellt wurde. Es war daher eine besonders interessante Aufgabe für die Vermessungstechnikerlehrlinge der fünfziger Jahre, das Zitadellengelände erstmals mit allen Gebäuden aufzunehmen und einen Plan im Maßstab 1:500 anzufertigen, der dann Grundlage für weitere Planungen und Vermessungen wurde. So konnte im Laufe der Jahre auch die Lage des Juliusturms im Berliner Koordinatensystem, in dem der Müggelberg den Nullpunkt darstellt, bis auf wenige Zentimeter genau bestimmt werden. Anfangs waren nur etwa zwanzig Vermessungstechnikerlehrlinge an diesen Vermessungsarbeiten beteiligt. Als dann aber nach 1950 der Wiederaufbau des kriegszerstörten Berlin begann, erhöhte sich die Zahl der Auszubildenden schnell auf etwa hundert. Diese Zahl gilt auch zur Zeit noch. Die Berufsschüler arbeiten an vier Wochentagen in ihren Ausbildungsbetrieben, das sind private Vermessungsbüros und öffentliche Vermessungsämter in den Bezirken, und an einem Tag in der Schule.

16

Diese sogenannte duale Ausbildung hat gegenüber der Berufsfachschule den Nachteil, daß praktische und theoretische Ausbildung nicht aufeinander abgestimmt werden können. In der Praxis wird nämlich nach wirtschaftlichen Gesichtspunkten gearbeitet und gelernt. So ergab sich für die Berufsschule das Problem, alle Lernenden an einheitlichen Projekten zu interessieren, die nach dem Prinzip: messen – zeichnen – rechnen aufgebaut wurden.

Aus finanziellen Gründen wurden die Messungen jahrelang mit alten, gespendeten Instrumenten durchgeführt. Erst im kommenden Oberstufenzentrum werden moderne Instrumente in hinreichender Zahl zur Verfügung stehen.

Vermessungstechniker können nach zwei bis drei Ausbildungsjahren die Technikerprüfung ablegen und danach eventuell ein weiteres Jahr die zwölfte Klasse der Fachoberschule in Vollzeitform besuchen.

Nach bestandener Fachhochschulreifeprüfung führt ein sechssemestriges Studium an der Technischen Fachhochschule zum graduierten Ingenieur der Vermessungstechnik.

Meßübungen auf dem Zita-Gelände

Die Fachoberschule
Fachbereich Ingenieurwesen

Schwerpunkte
Bauwesen und Vermessungstechnik

Im Jahre 1970 wurde die Fachoberschule als neuer Bildungsgang in der Otto-Bartning-Oberschule eingerichtet. Die Fachoberschule für den Fachbereich Ingenieurwesen soll die für die Aufnahme eines Studiums an der Technischen Fachhochschule erforderlichen Qualifikationen vermitteln. Mit der Abschlußprüfung ist der Erwerb der Fachhochschulreife verbunden.

Als Eingangsvoraussetzungen gelten eine abgeschlossene Berufsausbildung, bzw. ein dem Realschulabschluß gleichwertiger Abschluß.

Damit sind auch zwei Möglichkeiten des Besuches der Fachoberschule verbunden:

1. Schüler mit einer abgeschlossenen Berufsausbildung und Realschulabschluß besuchen die Fachoberschule ein Vollzeitjahr (12. Klasse OF) und melden sich zur Abschlußprüfung.

2. Schüler mit Realschulabschluß schließen mit der Otto-Bartning-Oberschule oder mit einer Baufirma einen Praktikantenvertrag über ein Jahr ab. Sie besuchen dann die Fachoberschule in Teilzeitform (11. Klasse OF) und erwerben zu gleicher Zeit praktische Kenntnisse und Fertigkeiten im Berufsfeld Bautechnik um die Auflagen der Technischen Fachhochschule in bezug auf Praxiserfahrung zu erfüllen. Danach schließt sich ein Vollzeitschuljahr (12. Klasse OF) mit der Abschlußprüfung (Fachhochschulreife) an.

Heute beginnt sich allmählich die Erkenntnis durchzusetzen, daß das richtige Technikerverständnis ein wichtiges und vordringliches Anliegen ist und mit zu den Bildungsaufgaben der Schule gehört. Im Unterrichtsangebot der Fachoberschule wird der Versuch unternommen, die Schüler in technische Denkweisen einzuführen und sie zur sinnvollen und verantwortungsbewußten Anwendung technischer Konstruktionsprinzipien und Arbeitsmethoden hinzuführen.

Nach Friedrich Dessauer sind technische Dinge gekennzeichnet durch

– ihre naturgesetzliche Ordnung,
– ihre finale Struktur,
– ihre Bearbeitung durch Hand oder
  Werkzeug.

In diesem Sinne führen die systematischen Lehrgänge der Fachpraxis ein in technisches Handeln und in die Be- und Verarbeitungsmethoden der verschiedensten Bau- und Werkstoffe.

Im breiter gefächerten Unterrichtsangebot des 12. Vollzeitschuljahres wird Grundlagenwissen vertieft und neues Wissen erworben. Der Schwerpunktlernbereich Bautechnik und Technisches Zeichnen gibt die Möglichkeit zu wissenschaftspropädeutischem Arbeiten und schafft die Voraussetzungen zu einem leichteren Übergang in das Studium. Aber auch die anderen Fächer, wie Mathematik, Physik, Deutsch, Englisch, Sozialkunde, sind inhaltlich stärker auf den technischen Aspekt ausgerichtet. Seit der ersten Abschlußprüfung im Frühjahr 1972 haben rund 800 Schülerinnen und Schüler die Fachhochschulreife erworben. Die Durchschnittsnote aller Prüfungen liegt bei 2,7. Anzumerken ist, daß ein relativ hoher Prozentsatz der Bewerber für die Fachoberschule nach längerer Berufsausübung zu uns kam, darunter waren auch viele ehemalige Berufsfachschüler der Otto-Bartning-Oberschule!

17

Der mathematisch-naturwissenschaftliche Bereich

Die Ausbildung in einem Bauberuf in Verbindung mit dem Erwerb einer dem Realschulabschluß gleichwertigen Schulbildung und darauf aufbauend die Möglichkeit, durch den Besuch der Fachoberschule die Fachhochschulreife zu erlangen, erfordern gut fundierte Kenntnisse in den Fächern Mathematik, Physik und Chemie. Wegen ihrer Wichtigkeit nehmen daher diese Fächer ⅓ des Unterrichsangebotes ein. Der Unterricht wird nach Lehrplänen durchgeführt, die von Planungsgruppen für das Land Berlin erarbeitet wurden und auf den Richtlinien der Kultusministerkonferenz basieren. Diese Lehrpläne werden zur Zeit im Unterricht erprobt, damit sie bei der Eingliederung unserer Schule in das geplante Oberstufenzentrum Bau und Holz als verbindliche Lehrpläne vorliegen. Der Unterrichtsstoff selbst ist weitgehend auf die technische Anwendung ausgerichtet, wozu aber auch zwangsläufig die Kenntnis der geschichtlichen Entwicklung auf diesem Gebiet gehört. Ein Beispiel hierfür ist die versuchsmäßige Bestimmung der Gravitationskonstante durch Richarz und Krigar-Menzel gegen Ende des vorigen Jahrhunderts in der Spandauer Zitadelle: Innerhalb der Mechanik ist das Gesetz von der Massenanziehung oder Schwerkraft (auch Gravitationskraft genannt) von besonderer Bedeutung. Die Schwerkraft beherrscht das All. Sie hält Milliarden Sterne unserer Milchstraße zusammen, sie läßt die Erde um die Sonne und den Mond um die Erde kreisen, sie verursacht Ebbe und Flut und die Gewichtskraft jedes Körpers.

Demonstrationsmodell zur Ermittlung der Gravitationskonstante

Sorgfältig werden Holzbalken für den Palas-Saal gearbeitet

Die Balken sind nicht zu übersehen. Als sie im Februar in die Zitadelle kamen, sahen sie aus wie gefrorene Eisblöcke. Inzwischen haben die Rohlinge den für Eichenholz typischen gelbgräulichen Ton angenommen – und Risse, weil sie trocknen. Rolf Wessler, werkstattleitender Meister der Otto-Bartning-Oberschule, lassen die Risse kalt: „Bis das Holz bis zum Kern durchgetrocknet ist, werden noch vier, fünf Jahre vergehen. Und zu Eichenbalken gehören eben auch Risse."

Unter den Eichenbalken muß man sich zunächst drei mächtige Klötzer von über zehn Meter Länge und einem Querschnitt von 45 zu 60 Zentimeter vorstellen. Verbunden durch ein schräges Hakenblatt sollen sie die mittlere Längsachse der neuen Holzbohlendecke im Palas-Saal bilden.

Aber noch sitzen die Schüler der dritten Holzklasse im Zitadellenhof auf den 2,7-Tonnen-Brocken und bearbeiten sie mit elektrischem Balkenhobel, Stechbeitel und Schlägel. Das 180 bis 200 Jahre alte Holz, das erst im Januar – vermutlich in der Schorfheide – geschlagen wurde, zeigt noch manche Hobelriefen.

Nebenan richten andere Zimmerlehrlinge die 6,50 Meter langen Querbalken her. Es sind 54 Stück, die jeweils paarweise, im Abstand von 80 Zentimeter, den 13 Meter breiten Saal überspannen sollen. Wenn sie im Oktober Stück für Stück mit einem Kran von oben in den Palas „eingeflogen" werden, fehlen nur noch die neun Zentimeter dicke Eichendecke, zwei Isolierschichten aus geglühtem Sand und Dämmaterial sowie der vier Zentimeter dicke Eichenbohlen-Fußboden des Obergeschosses, um dem historischen Vorbild aber auch der zukünftigen Nutzung der Zwischendecke gerecht zu werden.

Selbstverständlich trägt die Eichenbohlendecke sich nicht selbst. Zwei geradezu schwächlich anmutende Säulen aus Stahlbeton wurden inzwischen in der Längsachse des Palas errichtet. Auf ihnen und einem in die Außenwände eingezogenen Ringbalken aus Stahlbeton werden die drei Längsbalken ruhen. Allerdings sind diese sondern von zwei Sattelhölzern getragen. Schon im Mittelalter wurden diese Auflagestützen zum Schmuckelement der Holzdecken.

Mangels historischer Vorbilder beauftragte der Landeskonservator sechs Berliner Bildhauer, Entwürfe für die Sattelhölzer einzureichen. Seit zwei Wochen hämmern nun der Kladower Bildhauer Volkmar Haase und seine rechte Hand, Materialwissenschaftsstudent Karl Menzen, an den 3,20 Meter langen Auflagebalken herum. „Ich habe dem Karl erst zeigen müssen, wie man mit einer Stielaxt umgeht, damit er die Formen roh herausbauen kann", berichtet Zimmermeister Rolf Wessler, der nun auch neben den Berufsschullehrlingen die Künstler betreut.

Das „bißchen" Form aus dem Vierkantbalken herauszuholen, scheint das Schwierigste zu sein. Jetzt, wo die Ausdehnungen der sanft geschwungenen Formen im rohen Holz festliegen, wirkt das Polieren mit der Schleifscheibe fast kinderleicht. Vom Landeskonservator noch gar nicht so recht in Auftrag gegeben, aber unerläßlich: die beiden Konsolen für die Hauptbalken an den Stirnseiten des Saales. Auch diese Dreieckskonstruktionen aus Klappstiel, Strebe und Sattelholz werden von Volkmar Haase plastisch gestaltet.

Brigitte Baecker

Otto-Bartning-Oberschule feiert
30jähriges / „Die Schule soll keine pädagogische Provinz sein"

Ihr 30jähriges Bestehen feiert dieser Tage die Otto-Bartning-Oberschule auf der Spandauer Zitadelle. Besonderheit der Schule, die hinter ihren Mauern eine Berufsfachschule, eine Fachoberschule und Berufsschule beheimatet: der eigene Produktionsbetrieb der Berufsfachschule. Hier sind Theorie und Praxis — „Die Schule soll keine pädagogische Provinz sein" — eng miteinander verbunden.

Maurer, Bauschlosser, Betonbauer, Zimmerer, Tischler, Rohr- und Elektroinstallateure können praktisch umsetzen, was auf der Schulbank gelernt haben. Bei Hoch- und Ausbauarbeiten der „Kleinen Orangerie" im Schloß Charlottenburg, Elektroinstallationen im Kinderkrankenhaus Wedding, dem Bau eines Spielhauses im Märkischen Viertel und vieles mehr, erwarben die Schüler bereits grundlegende Erfahrungen für das spätere Berufsleben.

Die Prüfungsbedingungen der Berufsfachschule sind denen der Handwerkskammer und der Industrie- und Handelskammer unterworfen. Folge: Wer dort seine Prüfung ablegt, hat die von der Wirtschaft geforderten Qualifikationen. Eine Vorbereitung für wei-

Auch Historisches wird stilgerecht neu angefertigt. (Foto: Schön)

terbildende Studiengänge bietet die Fachoberschule, den theoretischen Unterricht zur althergebrachten Betriebsausbildung die Berufsschule für Bauhandwerker und Vermessungstechniker.

Bewerber der Otto-Bartning-Oberschule müssen Abschlußzeugnisse der Haupt- oder Realschule mitbringen. Zusätzlich soll in einer Aufnah-

meprüfung festgestellt werden, ob die Jugendlichen „leistungsmotiviert", das heißt auch für allgemeinbildende Fächer zugänglich sind.

Vorbereitungen treffen Ausbilder und Auszubildende zur Zeit für das große Fest am Freitag. Allerhand Spaß und Spiel, Verlosungen und Besichtigungen warten von 9 Uhr bis Mitternacht auf die Besucher. **neu**

19. Reflexionen eines Meisters

Sei Du selbst, täusche insbesondere keine Zuneigung vor.

Meister Raabe betreibt das Geschäft nun schon fast zwei Jahrzehnte. Das ist sein siebenter Durchgang. Sieben mal drei Ausbildungsjahre wo ist nur die Zeit geblieben? Bald wird auch er, wie sein Freund aus der Zimmerei, seine sieben Sachen aus den Schränken zusammensuchen und hoffentlich noch ein paar Jährchen mit seiner Frau die wohlverdiente Rente verprassen. Wenn's dann noch welche gibt und man mit den paar Groschen etwas anfangen kann!

‚Dann habe ich fast 300 Tischler ausgebildet', denkt er für sich, ‚die werden mich wohl ernähren können, das wär' ja noch gelachter!' Einige von ihnen scheinen erfolgreicher als er zu sein, haben gut gehende Handwerksbetriebe.

Bei der ersten Wirtschaftsflaute Mitte der 60er Jahre musste er wegen zu geringen Auftragsbestandes den Laden dichtmachen und ist dann hier Werklehrmeister geworden. Er bereut diesen Schritt nicht, man verdient zwar weniger, dafür hat man einen sicheren Job, kann nicht auf die Straße gesetzt werden. Andererseits die ständige Auseinandersetzung mit der Jugend! Früher war es einfacher, jetzt heißt es aufpassen, nicht den Anschluss verlieren, um nicht als Opa abgestempelt zu werden. Jedenfalls schlafen einem bei diesem Job nicht die Beine ein!

Wie bei jedem Durchgang hat er auch diesmal an die Auszubildenden einen Fragebogen verteilt, der ihnen die Möglichkeit gibt, ihre Meinung über die Ausbildung zu sagen. Keiner braucht seinen Namen zu nennen, doch die meisten der 25 Mädchen und Jungen tun es trotzdem, einige mit dem Zusatz, sie wollten über das eine oder andere Problem noch einmal offen diskutieren. Die meisten Bögen hatte er sich über das Wochenende schon angesehen, den Rest will er heute Vormittag während seiner Vorbereitungszeit auswerten. Am Nachmittag hat er einen Termin mit dem Abteilungsleiter, dem Arbeitsvorbereiter und einem Architekten.

Es geht um einen neuen Auftrag. Der Architekt hat in Schöneberg eine Kindertagesstätte wie ein großes Schiff gebaut, mit Bullaugen, Rundbogentüren und anderem Tüttelkram. Auch der Innenausbau fordert dem Tischler handwerklich einiges ab. Treppenläufe, Spielpodeste und Akustikdecken zeigen etliche fachliche Schwierigkeiten. Das Bezirksamt hatte die Tischlerarbeiten mehrmals ausgeschrieben, doch es fand sich kein Betrieb, der diese lohnintensiven Arbeiten übernehmen wollte. Der Meister weiß, dass er und sein Meisterkollege mit seinen Azubis durch diesen Auftrag ganz schön gefordert werden, denn Termine sollen eingehalten werden und Einnahmeverpflichtungen sind auch zu erfüllen. Da muss man schon ganz schönen Dampf machen, damit der Alte zufrieden ist. Durch die aufgeschobene Tür schiebt Lehrer Wilfried seinen Kopf. „Bleib' gleich mal hier!" ruft der Meister und veranlasst den Lehrer, für zwei Augenblicke mal Platz zu nehmen.

„Du kennst ja meinen Fragebogen. Drei Fragen beziehen sich allgemein auf unseren Fachbereich. Die Auszubildenden meinen, wir müssten noch besser zusammenarbeiten. Hier lies mal: ‚Der Lernstoff im Unterricht steht oft nicht in Bezug zur praktischen Arbeit. Dabei müsste die Theorie auf die Praxis abgestimmt sein, also beim Türenbau. Türen in der Theorie behandeln, damit praktische Erfahrung und gelerntes Wissen zusammenfließen.'

„Hört sich doch gut an und ist genau das, was wir in Konferenzen dauernd beschließen!"

„Ja, ja", gesteht Wilfried ein. „Ich versuche ja weitgehend meinen Unterricht nach euren Aufträgen auszurichten, aber erstens gibt es einen Lehrplan ..." „... den Du selbst erstellt hast und variieren kannst", unterbricht ihn der Meister.

„... und zweitens sind da die Zwischen- und Endprüfung, und da wir keinen Einfluss auf den Inhalt der Prüfungsaufgaben haben und man auch nicht weiß, was rankommt, muss ich die Schüler drillen. Aber ich gebe zu, wenn ich vorher wüsste, was ihr zu tun habt ..."

„Dann stoß' mal heute zu unserer Arbeitsbesprechung, da kannst Du dich schlau machen, was wir im 3. Ausbildungsjahr alles machen werden!"

„Gut, bis um 3 Uhr habe ich Unterricht, dann komme ich vorbei."

„Außerdem kritisieren sie das Fachzeichnen!"

Der Meister blättert in den Schülerarbeiten.

„Zum Beispiel hier: ‚Im Fachzeichnen sollte mit ‚Zeichnen auf Zeit'
(mit Zeitvorgabe) die Prüfungssituation vorweggenommen werden. Was in der Prüfung verlangt wird, unterscheidet sich von dem, was wir machen: Mehr Teilschnitte statt ganzer Schnitte!' Und hier schreibt ein anderer: ‚Zwischen theoretischem und praktischem Unterricht sind oft Unterschiede, besonders im technischen Zeichnen.' Da sollten wir unbedingt einmal darüber sprechen!"

„Ja, das haben wir schon auf der nächsten Fachkonferenz eingeplant.
Kann man die Unterlagen denn mal sehen?"

„Wenn Du willst, aber zu über 90% werden nur Probleme der Fachpraxis angesprochen!"

„Na gut - dann bis heute Nachmittag. Muss wieder in den Unterricht!"

Wilfried verschwindet lautlos, wie er gekommen ist.

‚Soll sich mal ein paar vernünftige Gedanken machen, der Herr Fachbereichsleiter', denkt der Meister bei sich. ‚Nennt sich Studiendirektor und wird nach A15 bezahlt! Dafür, dass er mehr verdient, hat er auch noch mehr Ferien. Zu Ostern haben wir die Werkstätten und Baustellen voll und die Herren Studienräte fahren 3 Wochen in die Sonne. Dafür haben sie wegen ihrer langen Ausbildung erst mit über 30 angefangen zu verdienen, ist ja nicht so, dass man ihnen das nicht gönnt! Außerdem stimmt bei Wilfried alles: menschlich, fachlich und arbeitsmäßig.'

Er schaut sich die Antworten der Auszubildenden auf seine Fragen an:

*   Hältst Du die Ausbildung für intensiv genug,
*   fühlst Du Dich über- oder unterfordert,
*   sollte es mehr oder weniger Arbeitsunterweisungen geben,
*   sollten Unterweisungen mehr in Kleingruppen erfolgen oder sind Unterweisungen in der Gesamtgruppe vorteilhafter,

- sollte ein Meisterpaar die fachpraktische Ausbildung vom l. bis zum letzten Tag übernehmen oder sollten die Meister pro Ausbildungsjahr wechseln,
- wie steht es mit der Zusammenarbeit von Theorie (Unterricht) und Praxis (Werkstatt),
- was findest Du an Deinem Meister gut bzw. nicht gut,
- was sollte an der Ausbildung generell geändert werden,
- gibt es Spannungen zwischen den Hauptschülern, Realschülern und Abiturienten?

Mit Filzstiften macht er sich kenntlich, was er mit seinem Kollegen, mit dem Lehrer oder mit dem Abteilungsleiter besprechen will. Oft muss er schmunzeln: ‚Herr Raabe sollte lieber Hustenbonbons essen, stat Zigaretten zu rauchen‘, ‚Mister Raabe for President‘, ‚nen deftiges Wort ist mir lieber, als wenn da so ein stummer Fisch steht, mir bei meiner Scheiße, die ich gerade baue, zukiekt und bemerkt: ‚Ick weeß nich, aba ick würdt mir noch mal überlegen, wat de da jerade machst!‘

Mit den Abiturienten hatten sie dieses Mal Glück! Das ist sowieso ein Spleen vom Alten. Weil der mal als Abiturient hier gelernt hat, nimmt er einfach gegen die bestehende Ordnung Abiturienten auf, d.h., erstmal werden nur Hauptschüler genommen, dann Realschüler. Wenn dann zu Ausbildungsbeginn plötzlich welche, obwohl sie Ausbildungsverträge haben, nicht kommen, werden Abiturienten eingestellt. Als letzte, über 3 Monate später, kam diesmal Maria. Sie hatte am französischen Gymnasium nicht nur das Abitur, sondern auch das französische Abi, das baccalauréat, glänzend abgelegt. Dass sie ihre Probezeit in einem Handwerksbetrieb nicht bestanden hatte, konnte man bei den guten fachlichen Leistungen, die sie erbringt, beim besten Willen nicht verstehen. Wenn sie die nicht gehabt hätten für ihre Klassenfahrt nach Chomérac, zu ihrer französischen Partnerschule! Die beiden Lehrer sprachen auch gut französisch, aber Maria hatte nicht nur das absolute Vertrauen ihrer Mitschüler, sondern auch das Herz der französischen Gastgeber gewonnen. Obwohl sie geistig allen überlegen war, strahlte sie Bescheidenheit, Verständnis und Güte aus.

Vielleicht konnte man sich so Jeanne d‘Arc vorstellen!

Für alle war es enorm wertvoll, ein anderes Ausbildungssystem kennen zu lernen. Zehn Tage hatten sie in einer französischen Schreinerei gearbeitet. Nicht großspurig, wir werden’s euch mal zeigen ..., sondern „wir hätten zu gern gewusst, wie ihr es macht." Der Vater des Chomérac-Projekts, der Klassenlehrer Wolfgang, hatte sie phantastisch eingestimmt. Die Zitadellen-Ausbildung ist in vieler Hinsicht vorteilhafter:

- Dort muss man Schulgeld zahlen, hier bekommt jeder monatlich 600,– Mäuse;
- dort hat man nach zweijähriger Ausbildung ein mittleres Qualifikationsniveau, hier macht man nach 3 Jahren die Gesellenprüfung und kann sich fachlich (Meisterprüfung) und theoretisch (Fachabitur) weiterbilden;
- dort macht man eine schulische Abschlussprüfung, hier

sorgt eine Kammerprüfung für Länder übergreifende Gültigkeit.

Kaum ist der eine gegangen, kommt ein anderer. Lehrer Wilhelm wünscht einen fröhlichen guten Morgen. Er knallt sich auf einen Stuhl:

„Ich habe gehört, ihr habt Probleme, die französischen Schüler unterzubringen. vielleicht kann ich euch helfen?"

„Das Problem gibt es, wir haben es bis jetzt nicht gelöst."

„Ich habe eine Dachwohnung ausgebaut, die steht einen Monat leer."

„Hört sich gut an, mach weiter!"

„ln dem kleinen Zimmer könnte ein Lehrer schlafen, in den anderen Räumen vier bis sechs Schüler. Küche ist da, bei der Beköstigung biete ich meine Hilfe an."

„Haste gehört, wie es plumps gemacht hat? Det war der Stein, der mir vom Herzen gefallen ist. Was willst du dafür haben'?"

„Energiekosten und Endreinigung."

Rabe steht auf: „Darauf müssen wir einen heben. Komm, ich gebe in der Kantine einen Kaffee aus."

Modell der mittelalterlichen Burganlage

von Fritjof Thaetner

20. Französische Partnerschule

DONNERSTAG, 21. OKTOBER 1982

LOKALES

VOLKSBLATT BERLIN DONNERSTAG, 21. OKTOBER 1982 — SEITE 11

Französische Gäste packten mit an

Historische Türen wurden restauriert

Einige alte Eichentüren auf der Zitadelle wurden restauriert — und zwar von französischen „Gastarbeitern". Zehn Schüler des „Lycée d'Enseignement Professionel des Bâtiments" aus dem südfranzösischen Ort Chomérac hat die historischen Türen auf Hochglanz gebracht. Eine zweite Gruppe der angehenden Rohrinstallateure arbeitete mit „Kollegen" aus der Otto-Bartning-Oberschule in Charlottenburg an einer Kindertagesstätte.

Unter der Leitung von ihrem Fachlehrer Georges Stepanian haben die Schüler die Eichentüren an der Otto-Bartning-Oberschule fein säuberlich abgeschliffen, gereinigt und mit frischem Lack versehen. Sie wollen, das sieht der Direktor der technischen Oberschule, Jean Mur, als ein Hauptziel an, die Arbeitsmethoden hier in Berlin studieren. Im Gegensatz zur Ausbildung in Südfrankreich arbeiten die deutschen Schüler auf „echten" Baustellen. In Chomérac dagegen läuft ein Großteil des Unterrichtes im sogenannten Atelier, in der Werkstatt ab. Und viele der von den Schülern gebauten Dinge sind lediglich „Übungsstücke, die anschließend wieder abgerissen werden. Erst im dritten Ausbildungsjahr bekommen sie Praktikantenplätze bei freien Unternehmen.

Die Otto-Bartning-Oberschule dagegen muß Aufträge der öffentlichen Hand annehmen und setzt hier ihre Schüler ein, die praxisnah ausgebildet werden. Aber nicht nur das ist es, was Jean Mur, der übrigens zum erstenmal mit einer der Schülergruppen in Deutschland ist, als Ziel des Schüleraustausches sieht. Auch das Kennenler-

nen der Kultur des jeweiligen Gastlandes und die Pflege der deutsch-französischen Freundschaft stehen auf dem Programm.

Aus diesem Grund sind die Jungen aus Frankreich bei deutschen Schülern untergebracht. So lernen sie gleichzeitig das Leben in einer deutschen Familie kennen. Was für den einen oder anderen gleichzeitig auch Probleme mit sich bringt. Denn in Frankreich lebt die Mehrzahl der Jungen in der Schule. Es fällt ihnen nicht schwer, innerhalb kurzer Zeit zum Arbeitsplatz zu gelangen. Arbeitsbeginn in Frankreich ist übrigens um 8 Uhr. In Berlin aber wohnen sie recht weit entfernt, Britz oder Bukkow sind die weitesten Wohnorte, und müssen bereits um 7 Uhr auf die Zitadelle sein. Da fällt es schon mal schwer, sich an die anderen Arbeitszeiten zu gewöhnen.

Seit drei Jahren fahren regelmäßig Schüler der Otto-Bartning-Oberschule nach Frankreich, und im Gegenzug kommen junge Franzosen nach Berlin. In die Wege geleitet hat diesen Austausch das Deutsch-Französische Jugendwerk, das die Reisen auch finanziell fördert. weso

Die Schüler aus Chomérac auf der Zitadelle. (Foto: Schmidt)

69

Tischlerkursus für junge Franzosen in der Zitadelle

„Diese Zeit vergessen wir nicht!"

Über die Vielfalt der Arbeitsmöglichkeiten in der Zitadelle staunten 22 angehende Holzmechaniker und Maurer aus Südfrankreich, die zwei Wochen lang zu Gast in der Havelstadt waren. Erstmals führt die Otto-Bartning-Oberschule damit einen Austausch mit Berufsfachschülern durch.

Bis auf das Sauerkraut und die Blutwurst zum Mittagessen hatten die 22 jungen Südfranzosen und ihre drei Ausbilder nichts an ihrem Berlin-Besuch auszusetzen. Im Gegenteil: Begeistert äußerten sie sich nach den zwei Wochen über ihre Gastgeber und die Stadt Berlin. „Wir haben uns Berlin ganz anders vorgestellt", meinten die Gäste, die sich über die weite Ausdehnung und das große Vorkommen an Wald und Wasser innerhalb der Stadt wunderten.

Neben Stadtbesichtigungen, Theater- und Museenbesuchen, einer Dampferfahrt und einem Freundschafts-Fußballspiel kam auch die Ausbildung nicht zu kurz. Jeden Morgen von 7 bis 12 Uhr stand man gemeinsam in der Schule an der Werkbank.

Im Gegensatz zu ihrer Ausbildung in Frankreich wird in der Otto-Bartning-Oberschule gerade in der Anfangslehrzeit vorwiegend manuell gearbeitet. „Die jungen Franzosen zeigten großes Geschick bei der Arbeit", freute sich Werklehrmeister Helmut Kraehe. Trotz sprachlicher Verständigungsschwierigkeiten kam es schon in den ersten Tagen zu einer engen Kameradschaft zwischen Gästen und Gastgebern. Untergebracht waren die Franzosen bei ihren deutschen Freunden.

Zu einem Gegenbesuch startet eine Gruppe junger Berliner (das erste Lehrjahr) bereits heute nach Chomerac. —tell—

Deutsch-französische Freundschaft an der Werkbank in der Otto-Bartning-Schule.   Fotos: Stellmacher

Auf die Reise nach Südfrankreich geht der kleine Holz-Juliusturm.

Abschied im Juliusturm
Junge Maurer aus Frankreich waren zu Gast

Mit einer zünftigen Feier bei Fackelschein im Juliusturm endete gestern der zweiwöchige Aufenthalt von 25 jungen Franzosen in Berlin. Sie waren zu Gast auf der Otto-Bartning-Schule in der Zitadelle. Die Schule unterhält seit zwei Jahren einen Schüleraustausch mit einem berufsfeldbezogenen Internat in Chomérac in der Ardèche. Diesmal waren die Maurer der Schule in Spandau. Sie wurden von drei Lehrern und dem Elternvertreter begleitet. Der Austausch wird vom Deutsch-Französischem Austauschwerk unterstützt.

einer Baustelle zogen die Schüler aus Frankreich gemeinsam mit ihren Kollegen aus Berlin eine Mauer hoch. Eine Spannbetondecke wurde gegossen. Die Wochenenden waren frei. Der letzte Arbeitstag für die Gäste war der Montag. So hatten sie Zeit für ein umfangreiches Besichtigungsprogramm.

Die Gäste aus Frankreich waren bei den Eltern der Schüler der Bartning-Schule untergebracht. Sie wollen den Kontakt zu den Familien. Wenn die Berliner Schüler in Chomérac sind, dann leben sie im Internat, gehen aber an den Wochenenden auch mit in die Familien.

21. Noch eine Chance bekommen

Vor mir auf dem Tisch liegen meine Entlassungspapiere.

Die Sekretärin hat mir Papier und Bleistift gegeben. Ich überlege lange, wie ich die Scheiße, die ich gemacht habe, am besten erklären soll. Endlich schreibe ich:

"Jeder von uns Lehrlingen wünscht sich eine eigene Bude. Ich habe eine, doch ich hab mir alles anders vorgestellt. Zu meinem Vater habe ich keinen Kontakt. Meine Mutter hat einen neuen Lover. Sie hat alles daran gesetzt, dass ich bei ihr auszog. Hat mir eine kleine Bude mit 40 Quadratmetern im Altbau besorgt. Die Miete ist niedrig. Mit Ausbildungsvergütung und Erziehungsbeihilfe sollte ich es schaffen. Alleinsein halte ich nicht aus. Kumpels einladen ist teuer und bringt nichts. Meine Freundin will was erleben. Also saß ich allein auf dem Sofa, hatte keinen Cent in der Tasche. Da fällt mir das Werkstattlager in unserer Schule ein, die schönen neuen Kleinmaschinen. Mit einem schweren Stein habe ich die Scheibe zum Lagerraum eingeworfen und bin dann durchs Fenster hinein geklettert. Ich hatte den Werkzeugschrank noch nicht geknackt, da war die Polizei da. Die haben mich gleich ins Krankenhaus gebracht, weil ich mir den Arm aufgeschnitten hatte.

Der Alte kommt rein, überfliegt meinen Bericht und sagt: "Über deinen Bruch hast du geschrieben. Doch nun schreib wie es weitergehen soll, berichte von deinen Zukunftsplänen!"

Ich sitze hier, allein gelassen und schaue aus dem Fenster. Meine Chancen, eine neue Lehrstelle oder einen Job zu bekommen, sind gleich Null. Plötzlich erscheint mein Klassensprecher. Er sagt, der Alte gibt auf. Ob wir Schüler eine Möglichkeit sehen, dich aus dem Dreck zu ziehen. Sie haben über meine Situation diskutiert und einen Text entworfen, den sie alle unterschrieben haben. Ich soll ihn mal durchlesen, vielleicht unterschreibe ich ihn auch. Er steht auf und lässt mich allein.

Natürlich habe ich mir alles gleich durchgelesen. Meine Kameraden entschuldigen sich für mich. Sie zahlen die kaputte Scheibe und verpflichten sich, mich bis zur Abschlussprüfung zu betreuen.

Das ist ein Hammer ! So können sich doch nur Freunde verhalten. Ich bin ja gar nicht allein in dieser Scheißwelt ! Es ist mir peinlich, dass die Sekretärin sieht, wie ich flenne. Der Alte kommt und liest unsere Erklärung. Er heftet sie zu meiner Personalakte und zerreißt die Entlassungspapiere. Dann gibt er mir die Hand und sagt: "Tolle Kumpels hast du – enttäusche sie nicht!"

Schüler kontaktieren ihre ehemalige Schule

Auf der Walz

In Indien habe ich ein Jahr als Tischler gearbeitet und Yoga gelernt. Auf meiner Rückreise sah ich in der Türkei, dass man dort im Südwesten noch traditionell Holzschiffe baut, in Längen zwischen 10 und 30 Meter als Motor- und Segelboote. Mit einem in Deutschland ausgestellten Arbeitsvisum bin ich dort hingefahren. Seit Oktober arbeite ich nun hier unter türkischen Bedingungen: 48 Stundenwoche, umgerechnet 10 DM pro Tag, und lerne das Handwerk des Bootsbauers.

Ich möchte mich herzlich bei ihnen allen bedanken für die fundierte Ausbildung. Meine fachlichen Kenntnisse werden hier anerkannt und gelobt. Es ist zu hoffen, dass ihr Konzept, dass Theorie und Praxis ein Ganzes bleiben, auch zukünftig bestehen bleibt und nicht durch Finanzdruck aufgelöst wird. Nochmals herzlichen Dank, Martin.

Student Andreas schreibt:

Ich denke oft an alle, die mich ausgebildet haben, zurück. Ich bin im 3. Semester der Technischen Fachhochschule und hoffe eines Tages ein guter Ingenieur zu werden. Damals habe ich mich oft über das Ausbildungsangebot geärgert. Jetzt, im laufenden Studienbetrieb brauche ich das Wissen, das sie mir vermittelt haben. Dafür danke ich allen ehrlich und aufrichtig.

Diplom-Ingenieur Hendryk hat es geschafft:

Als ich vor 14 Jahren meine Ausbildung an ihrer Schule begann, um drei Jahre später den Maurergesellenbrief und die Fachhochschulreife zu erwerben, war an dieses technische Bauverfahren, das ich jetzt leite, noch nicht zu denken. Nun bin ich in unmittelbarer Nähe der Zitadelle, wo ich meinen beruflichen Werdegang einst angefangen habe. Bei dem Bau handelt es sich um eine Havelunterfahrung parallel zur Juliusturmbrücke im Senkkastenverfahren, zum anderen um den Rathausbahnhof in der Deckelbauweise und letztens um die Verbindung der beiden, unter der Altstadt hindurch, im Schildvortrieb. Einige Fachklassen ihrer Schule haben die Baustellen bereits besucht und waren sehr beeindruckt.

22. Besetzung von Funktionsstellen

Im Amtsblatt war die Stelle eines Fachbereichsleiters für Sprache ausgeschrieben. Es konnten sich nicht nur die Kollegen des eigenen Hauses, sondern auch Lehrer anderer Schulen bewerben, wenn sie die Laufbahnvoraussetzungen erfüllten. War die Fächerkombination vorhanden, das erste und zweite Staatsexamen mit guten und sehr guten Ergebnissen abgelegt, lagen außerdem gute Dienstleistungsberichte der Schulbehörde vor, dann waren die äußeren Formalitäten für eine Bewerbung gegeben. Da zwei Dienststellen (Senat und Bezirk), die Schulleitung und auch der Personalrat bei der Stellenbesetzung mitwirken, ist es kaum möglich, einem Protektionskind die Stelle zuzuschieben. Auch Partei- oder Gewerkschaftszugehörigkeit haben – jedenfalls in unserer Stadt – keinen Einfluss.

Wenn jemand innerhalb des Kollegiums eine Funktionsstelle haben will, mit Titel und Mehrbezahlung, muss er zeigen, dass er der bessere Lehrer ist, menschliche Qualitäten und fachliche Kompetenz besitzt und in der Lage ist, sich bei seinen Kollegen durchzusetzen. Die eigentliche Prüfung vollzieht sich dann in drei Akten: Als erstes muss der Kandidat in seiner eigenen Klasse „vortanzen", er muss zeigen, dass er unterrichten und seinen Unterricht gut vorbereiten und analysieren kann; danach gilt es, den Unterricht eines anderen Kollegen zu besuchen und ihn in einer anschließenden Analyse zu beurteilen. Und zum Schluss fiudet eine mündliche Prüfung in schulrechtlichen Fragen statt, und da haben die beiden prüfenden Oberschulräte einen großen Fragenkatalog parat, weil sie auf dem Gebiet zu Hause sind und jedem normalen Lehrer viel Sachkenntnis voraus haben.

Bis zur festgesetzten Auschreibungsfrist hat sich nur ein Kollege beworben. Er ist erst seit einigen Jahren an der Schule, ist verheiratet und hat ein Kind im Vorschulalter. Er macht seinen Dienst recht ordentlich. Einige Energie scheint in seine junge Familie und sein Hobby zu fließen. Man kann erwarten, dass mit der Übernahme fachlicher Leitungsfunktionen sein Arbeitseifer zunimmt – wissen kann man es nicht. Für die Dauer von 30 Jahren hat kein anderer eine Chance, in diesem Fachbereich befördert zu werden. Vielleicht gibt es fachlich kompetentere Kollegen, denen auch aus sozialen Gründen diese Stelle zuerkannt werden müsste. Vielleicht wird der jetzige Bewerber in der Midlife-crisis, mit eigenen Sorgen belastet, überhaupt keine Impulse für das schulische Leben geben können. Trotzdem wird er der Herr Studiendirektor sein, der zwei Gehaltsstufen höher eingestuft ist als sein Kollegen.

Der Alte hat fest damit gerechnet, dass sich Antje bewerben würde. Sie hat damals die Fachoberschule mit aufgebaut, hat Stoffverteilungspläne mit erarbeitet und über Jahre in Konferenzen einen positiven Beitrag für das schulische Leben geleistet. Außerdem ist sie aus Sicht der Kollegen und Schüler eine hervorragende Lehrerin. Doch Antje wehrt ab: „Hat in den 12 Jahren nicht alles gut funktioniert? Jeder von uns Fachkollegen hat für ein Jahr die Fachleitungsfunktion wahrgenommen und, wenn er es besonders gut gemacht hat oder seine Arbeit noch nicht abgeschlossen hatte, machte er es auch länger. Kompetenzrangelei gab es nie und alle Arbeit, die man an uns herangetragen hatte, wurde gemacht!

Als Gewerkschafterin spiele ich das Spiel nicht mit. Außerdem: Für die ausgeschriebenen Stellen könnten wir an unserer Schule fünf junge Kollegen einstellen, die voll ausgebildet und arbeitslos sind. Außerdem warten wir seit Jahrzehnten auf Arbeitszeitverkürzung."

Der Alte kennt die Argumente der Gewerkschafter. Er hat auch Borris angesprochen und von dem ebenfalls eine Absage bekommen. „Mit diesen Stellen wird auf Dauer weniger geleistet und Kollegialität geht verloren!" „Nach dem bestehenden Rechtssystem gibt es diese Stellen, sie sind ausgeschrieben, sollen wir sie nun verfallen lassen?" fragt der Alte. „Sie werden nicht verfallen, da werden sich eben andere drum bewerben ..." „... die weniger qualifiziert sind ..." „... das ist deren Sache. Meine Arbeit wird nicht darunter leiden!" Antje ist nicht verbittert, sie nimmt's ganz locker. „Außerdem bin ich mit meinem Gehalt zufrieden. Ich brauche nicht mehr!"

Der Alte denkt zurück an die GEW-Aktionen Anfang bis Mitte der 70er Jahre. Die jungen Kollegen mit den allgemeinbildenden Fächern kamen von der Schule über die Hochschule in die Berufsschule. Sie schienen alle Crichtons „Cameron" gelesen zu haben, und die Kolleginnen waren alle in die Rolle der kampfeslustigen, aggressiven Maggie geschlüpft. Aus ihrer Sicht war die Zitadelle ein tristes Pitmungo. Die Zielvorstellungen waren nebulös, doch es sollte alles anders werden. Die Schüler verteilten vor den Toren Kampfschriften gegen den übelsten Handlanger der Kapitalisten, den Schulleiter. Der Alte stand allein im Regen, ihm wurde eine Lektion erteilt, bei der er graue Haare bekam. Die Professoren spielten das Spiel mit und legten sich maßgeschneiderten Mao-Look an. Heute schaut man auf diese Zeit nicht im Zorn zurück, man empfindet diese Jahre der geistigen Auseinandersetzung als Bereicherung: „All times when old are good!"

Auch heute noch gibt es für einen auf Harmonie angelegten musischen Menschen unüberhörbare Dissonanzen im zwischenmenschlichen Bereich. Da stehen die Schulleiterzimmer acht Stunden am Tage offen, aber an manchen Schulen wählt man oft nicht das kollegiale Gespräch. Man diskutiert außerschulisch „unter sich" und stellt gezielt Anträge auf Konferenzen. Offenbar gehört es zum guten gewerkschaftlichen Ton, der Schulleitung anständig einzuheizen. Manche Schulleiter empfinden dies als einen offenen Affront. Warum eigentlich? Vielleicht haben sie versäumt, über dringende gesellschaftliche und schulische Probleme zu diskutieren und Stellung zu beziehen?

Die Hauptaufgabe einer Schulleitung ist es, Bildung für Schüler und Auszubildende optimal anzubieten. Über die Methoden, wie der Dienstleistungsbetrieb Schule seinen Arbeitsauftrag am besten erfüllt, kann man streiten. Natürlich vertritt eine Interessengruppe in erster Linie die Belange ihrer Mitglieder. Doch Bildung heißt auch, sich selbst in Frage zu stellen. Damit scheinen jedoch viele Verbände überfordert zu sein. Warum eigentlich? Warum fällt es vielen verbeamteten Lehrergewerkschaftern so leicht, ihren Staat in Frage zu stellen und so schwer, ihn vor den Schülern zu bestätigen?

Überraschend für die Prüfungskommission beginnt Antje ihren Unterricht nicht nach dem vorliegenden Lektionsentwurf: „Als ihr heute morgen zur Zitadelle gekommen seid, habt ihr höchstwahrscheinlich wie ich diesen herrlichen Herbstmorgen wahrgenommen: Am Burggraben haben sich die Erlen gefärbt. Braune Blätter schwimmen auf der leichten Strömung dahin. Wie ein Schleier liegt Nebel über dem Wasser. Ich habe mich an ein Gedicht von Mörike erinnert, das ich in eurem Alter gelesen habe. Ich möchte es euch einmal vortragen. Vielleicht gelingt es mir, diese Stimmung auch auf euch zu übertragen."

„Septembermorgen
Im Nebel ruhet noch die Welt,
noch träumen Wald und Wiesen:
bald siehst du, wenn der Schleier fällt,
den blauen Himmel unverstellt,
herbstkräftig die gedämpfte Welt
in warmem Golde fließen."

Mit dem Vortrag ihres Gedichtes kommt Antje bei den Schülern an, sie erzielt Betroffenheit. Die rauen Seelen der Männer vom Bau haben auch empfindsame Stellen. Der Blick aus dem Klassenzimmer: Der Innenhof der Zitadelle mit dem alten Kastanienbestand, den goldgelben Blättern in der Morgensonne, den niederfallenden Kastanien, strahlt die Stimmung des Herbstgedichtes aus.

„Gottfried Benn hat den Tag erlebt, der den Sommer endet:
Tag der den Sommer endet,
Herz dem das Zeichen fiel:
die Flammen sind versendet,
die Fluten und das Spiel.
Die Bilder werden blasser,
entrücken sich der Zeit ..."

Ein hoffnungsloser Blinder, wer nicht an diesem Morgen vor dem Zitadellengraben gestanden hat, eingefangen von der faszinierenden melancholischen Stimmung des Abschiednehmens von der Sommerzeit: Doch wer hätte gewagt, bei dieser harten und gefühlskalten (?) Berufsschuljugend solche poetischen Seiten anzuschlagen?
Vom Terrassenzimmer des Schulgebäudes schaut man zur Bastion Brandenburg hinüber, wo der Schulhausmeister einen kleinen Garten hat. Antje trägt den Hesseschen Spätsommer vor:

„Noch einmal, ehe der Sommer verblüht,
wollen wir für den Garten sorgen,
die Blumen gießen, sie sind schon müd',
bald welken sie ab, vielleicht schon morgen.
Noch einmal ehe die Welt
Irsinnig wird und von Kriegen gellt,
wollen wir an den paar schönen Dingen
uns freuen und ihnen Lieder singen."

Wenn man es so versteht, die Jugend für das kulturelle Leben aufzuschließen, hat man einen sehr wichtigen Bildungsauftrag der berufsbildenden Schulen angepackt. Leider bricht Antje das beginnende Gespräch ab und wendet sich – für ihre Kollegen und die Prüfungskommission – dem geplanten Unterrichtsgegenstand zu.

‚Schade, denkt der Alte, ‚normalerweise hätte sie die Gunst der Stunde genutzt und dort weitergemacht, die Klasse hat darauf gewartet, wann hat sie mal wieder eine derartig gute pädagogische Situation?'

Er nimmt sich Antjes Lektionsentwurf und versucht, sich in die Thematik einzulesen. Der Gedanke, dass auch dieser Teil der Stunde analysiert und kritisiert wird, quält ihn. Für einen Augenblick hasst er alle Analytiker und Kritiker, und somit auch den Bewerber, der dabei ist, seine Aufzeichnungen zu vervollständigen. Dem Alten drängt sich das Stück eines DDR-Pastors auf, das sie vor sieben Jahren in der Aula aufgeführt hatten. Den Großteil der Schuld, dass die jungen Männer Helden sein wollten, gab er deren Müttern und Ehefrauen. Die entwickelten in der Heimat den Ehrgeiz für ihre an der Kriegsfront geschundenen Söhne und Männer:

„Stell' Dir vor, Dein Schulfreund Joachim hat das EK 1 bekommen ...", oder beim Abendbrot so ganz nebenher: „Joachim hat's geschafft, er ist Direktor geworden, Studiendirektor!"

Er schiebt den Gedanken weit von sich und baut die Emotionen gegenüber dem Bewerber durch Nabelschau ab: Manch einer braucht eben das Geld. 600,- im Monat mehr haben – ist das nichts? Als er als junger Lehrer anfing, bekam er 598,- Mark im Monat auf die Hand. Die Miete im Corbusier-Haus im sozialen Wohnungsbau lag bei knapp 300,- DM. Wie konnten vier Personen von 300,- DM monatlich leben? Danach ging es dann den Lehrern besser. Da gab es einen Bundeskanzler, der sprach bei seiner Regierungerklärung im Bundestag die Worte: „Die Schule der Nation ist die Schule," und die Dummen lachten, weil sie eben den Sinn dieser Worte nicht verstanden. Im Verhältnis zur Verwaltung und Technik geht's den Paukern heute finanziell verdammt gut, jedenfalls in der Bundesrepublik. Zwischen den doppelverdienenden Ehepaaren mit A 26 bis A 32, die sich alles leisten können, was das Herz begehrt, und dem jungen Kollegen als Alleinverdiener mit Frau und Kindern, der sich recht und schlecht durchs Leben schlägt, besteht allerdings ein enormes soziales Gefälle.

Da Antje die Stelle ausschlägt, geht es aus Sicht der Schulleitung in Ordnung, dass der Bewerber den Job bekommt, er hat die fachlichen Qualifikationen und menschlichen Qualitäten. Ohne Funktionsträger würde an der Schule nichts laufen!

Anmerkung:

Aus der Ausschreibung einer Funktionsstelle im Amtsblatt kann ein Bewerber noch keinen Rechtsanspruch auf die Besetzung der Stelle herleiten. Nach Aussage des prüfenden Oberschulrates hatte der Bewerber die aus drei Teilen bestehende Prüfung mit der Note gut minus bestanden. Eine Besetzung der Stelle erfolgte jedoch nicht. Vielmehr ist im Amtsblatt eine neue Stellenausschreibung mit anderer Fächerkombination erschienen, für die es an der Schule keine potentiellen Bewerber gibt.

23. Azubi macht Urlaub in Dänemark

Anfangs möchte ich feststellen, dass ich diesen Brief unter Protest schreibe. Ich fühle mich vor allen Dingen von meinem Alten gegängelt, der meint, das Schlimmste, was mans einem Kind antun könne, sei, es zu verwöhnen. Angesagt ist das Bestehen von Herausforderungen, man soll Spaß haben, etwas zu leisten! Und diese Erziehungsmethode wendet er am liebsten noch im Urlaub an. Er hat mich völlig in der Hand. Im nächsten Jahr werde ich 18, da will ich meinen Führerschein machen. Die Knete kommt natürlich aus der Familienkasse. Wenn ich das Papier habe, will mir mein Opa 'ne Karre kaufen, ich denke an den Chopper von BMW. Natürlich muss ich die gelbe Zeugniskarte von der Berufsschule vorlegen, außerdem ruft mein Vater bei meinem Lehrherrn an. Was soll ich also anderes tun, als zu kuschen?

Neben kleinen Hausarbeiten muss ich mit meinem Alten noch möglichst jeden Tag Schach spielen („fördert das kombinatorische Denkvermögen") und soll eine bauliche Beschreibung mit Skizze von unserer Ferienhütte machen („fördert angeblich das konstruktive Denken"). Nach Presseberichten über Jugendkriminalität und Krawallen Jugendlicher hat sich bei Vater die Meinung festgesetzt, dass es für Erna und mich das Beste ist, fest in einer intakten Familie eingebunden zu sein. Über die Art der Einbindung entscheidet er ohne Wenn und Aber.

Natürlich habe ich auch Ansprüche. Mutter muss leckere Sachen brutzeln, meine Schwester Erna mich jeden zweiten Abend in die Disco mitnehmen, der Alte mit mir an den freien Abenden zum Angeln fahren.

So hat also jeder seine Verpflichtungen, und ich schreibe nun endlich diesen Brief, also:

Liebe Oma Chris, lieber Opa Carl,
Ihr wisst ja von Mama Bescheid, die Euch vor unserer Abreise angerufen hat, dass wir den großen Hausputz unterbrochen haben, weil Papa die Schnauze voll hatte. Vielleicht hing es damit zusammen, dass er frühmorgens fassungslos auf das Außenthermometer starrte. Er rief gleich bei den Meteorologen an, und die bestätigten: +4,5° C, die tiefste Temperatur, die seit Menschengedenken im Hochsommer in unserer Stadt gemessen wurde.

Warum es ihn trotzdem nach dem Norden zog, ist uns allen bisher unklar. Ich vermute, dass er spekulierte, im Süden sei alles überfüllt und im Norden herrsche gähnende Leere, also antizyklisches Verhalten war angesagt. Dem ist aber nicht so.

Papa und Mama mussten über zwei Stunden im Touristenbüro verhandeln, bevor sie für uns ein Ferienhaus bekamen.

Inzwischen haben Erna undich uns den kleinen Badeort an der Jammerbucht im nördlichen Teil Dänemarks angesehen. Eigentlich waren wir besgeistert: Mehrere Discos und Eisbuden, Tennisplätze, Reitschule, tolle Möglichkeiten zum Angeln an der Mole im Meer und am Fluss im Landesinneren. Beim gemeinsmen Eisessen hielt sich Mutters Begeisterung in Grenzen und Vater bemerkte: „Man kann ja nicht alles haben, richtigem Urlaub muss etwas Abenteurliches anhaften, etwas Primitivität ist gut, um so mehr freut man sich auf zu Hause!"

Ich gebe zu, diese Worte erst verstandenzu haben, als wir unser ,Klitbo' (das heißt Dünenhütte) sahen. Wir mussten die letzten 100 Meter zu Fuß durch Sand und Dünengras laufen, den Hausschlüssel fanden wir wie angekündigt unter der Fußmatte. Vater durchschritt den Raum und stellte sich vor die große Scheibe: „Nun schaut euch diesen herrlichen Blick an. Das schäumende blaue Meer, das grüne Wasser des Priel! Zweifellos das Haus mit dem schönsten Ausblick!" „... und mit der schäbigsten Küche, die ich jemals gesehen habe", ergänzte Mama. „Denkt bloß nicht, dass ihr hier von mir großartig bekocht werden könnt!"

„Aber Daisy", beschwichtigte Papa, „was wir an Miete eingespart haben, werden wir natürlich veressen!"

„Ich finde weder ein Klo noch eine Dusche, außerdem denke ich nicht daran, mit Emil in dieem Mini-Kinderzimmer in Etagenbetten zu schlafen!"

„Emil schläft hier auf der Couch", entschied Papa kurz, „und was die Sanitärräume betrifft; Die sind draußen! Emil komm, wir gehen mal ums Haus!"

Draußen flüsterte er mir zu, dass wir zusammenhalten müssen, sonst drehen die Weiber noch durch.

Wir schleppten die Koffer ins Haus und übertönten Mamas und Ernas Gemeckere mit urigem Gesang von den Dubliners. Dann legten wir uns in eine windgeschützte Sandkuhle und sahen uns unseren Klitbo aus 20 Metern Entfernung an. Opa, dein Gartenhäuschen in der Staakener Kolonie, das ich von einem Foto kenne, wäre dagegen eine Prachtvilla!"

„Vater", sagte ich, „diese Hütte kränkt meine Zimmererehre. Der Mann, der sie zusammengeklopft hat, muss ein Strandläufer gewesen sein. Er hat nach den Herbststürmen das angeschwemmte Strandgut gesammelt und sich diese Pressluftbude zusammengewerkelt."

„Er war nicht Strand-løper, sondern Havn-arbejder in Aalborg", klärte mich mein Alter auf. „Hatte vielleicht ein Moped mit Anhänger, auf dem er dünne Kistenbretter und etwas dickere von den Paletten herangekarrt hat."

„Wenn du es so siehst, tolle Leistung. Aber was ist mit der Scheibe?"

„Die hat sein Enkel mit einem Kantholzrahmen einsetzen lassen. Wir sind die letzten Mieter. Nach uns wird die Bretterbude abgerissen. Den Schlüssel können wir ins Meer werfen."

Liebe Oma, lieber Opa, da die Alten schon schlafen und Erna sich in Løkken rumtreibt, will ich Euch wenigstens noch berichten, was sich gestern nacht hier zugetragen hat, also:

Erna ist aushäusig bei einem Konzert, Mutter räkelt sich auf der Couch und liest die letzten Seitenihres Emanzenbuches ,Frauen', Papa und ich hocken in der Ecke und spielen Schach. In den dänischen ,Avisen' (Nachrichten) verstehe ich fast nichts, aber vernehme etwas von ,stormvind ved Skagerak', und Mama stellt fest: „Ich glaube sie haben etwas von einer Sturmwarnung am Skagerak durchgegeben, das würde uns betreffen." Vater sagte nichts, er überlegte. Ich wiederum überlegte, wie ich ihn etwas ablenken könnte, denn unser Spiel war in eine entscheidende Phase eingetreten. Ich hatte dem alten Hecht einen wunderschönen

Köder auf F6 postiert und wartete nun nervös, ob er wohl anbeißen würde. Meine Handflächen wurden innen feucht, aber als cooler Typ darf man sich das auf keinen fall anmerken lassen. Allmählich merkte ich, dass der alte Hecht wusste, dass es sich um einen Köder handelte und an diesem Köder ein Haken war. Es ging also um die Geschicklichkeit, das Fleisch vom Haken zu kriegen, ohne dabei Schaden zu nehmen. In den letzten Tagen hatte Vater meine Angelkunst schätzen gelernt; er schielte zur Seite, wohl um zu sehen, ob ich schon den Käscher in der linken Hand habe. (Anmerkung für Opa: Durch den Schachcomputer, den du mir geschenkt hast, habe ich unheimlich profitiert. Ich gewinne jetzt schon ab und an auf Schwierigkeitsstufe III) Mama beendete French's ‚Frauen' mit einem aus der Seele kommenden „Traurig, aber wahr", Vater biss darauf an, er schlug mit seinem Pferd meinen nicht gedeckten Läufer und sagte: „Nun hol dir mal das Pferd, Cowboy." Ich wollte mehr, ich wollte alles.

Inzwischen hatte Mama Tee gemacht, stellte uns zwei Tassen auf den Tisch, setzte sich selbst mit einer vor die große Scheibe und schaute auf das wildbrausende Meer. Zu dieser Jahreszeit wird es hier oben nie ganz dunkel. Man kann auch noch nachts gut eine Angelpose sehen. Da sagte Mama; „Es ist wie Weihnachten, jetzt fängt es auch noch an zu schneien." Natürlich hielt es Papa und mich nicht weiter beim Schachspiel. Zu dritt sahen wir, wie sich am Strand riesige Schaumwälle auftürmten, die die Strumböen zerfetzten und ins Land fegten. Ab und an wurden welche an unsere Scheibe gejagt, wo sie doch bald wie Seifenblasen zerplatzten. Das Wasser vom Meer wurde mit großer Gewalt in den Priel gedrückt, vom weißen Sandstrand war nichts mehr zu sehen, die brodelnde Masse war bis an die Dünen vorgedrungen.

„Zweifellos nimmt die Sturmstärke noch zu", stellte Mama fest, „es ist nur eine Frage der Zeit, wann wir mit unserer Hütte weggeschwemmt werden."

„Das ist doch wohl Nonsens," konterte Vater, „das Haus steht hier seit 50 Jahren."

„Das soll gar nichts heißen: Die Alpendörfer, die jetzt weggespült worden sind, waren noch viel älter."

„Hier wurden aber keine Wälde abgeholzt und Skipisten gebaut."

Nun schaltete ich mich ein: „Hier wurde aber die lange Mole ins Meer gebaut, die kann man mit Skipisten vergleichen. In dem Buch über Vendsyssel, das du mir geschenkt hast, steht, dass durch Strömungsverhältnisse an der Leeseite der Mole Land abgetragen wird, im Jahr über 600.000 Kubikmeter. Das Meer nimmt pro Jahr mindestens 1,30 m Land."

„Das habe ich auch gelesen", versuchte Papa zu beschwichtigen. „Da wir noch über zehn Meter bis zur Dünenkante haben, dauert's noch ein paar Jährchen."

Durch eine Kopfbewegung forderte er mich auf, weiter Schach zu spielen. Ich hatte meine Züge im Kopf, zog an und verankerte den Haken in der Hornmasse des Mauls. Doch der Alte meinte nur, den Köder zu haben, und grinste mich an. Er machte sogleich einen Zug, den ich aber einkalkuliert hatte, und ich konterte sofort, ließ die Rolle summen und zog an.

Mama hatte ihren Tee ausgetrunken, wandte ihren Blick vom Meer ab und schaute sich intensiv die große Scheibe an.

„Mir ist unerklärlich, wie diese zerbrechliche Scheibe diesen enormen Winddruck aushalten kann!"

„Du siehst, sie hält", wehrte er sich.

„Wie groß ist eigentlich der Druck?"

„Frag deinen Sohn, der muß als Altstift so etwas schon können!"

Ich überlegte und sagte: „Bei Windstärke 10 vielleicht 50 kg pro Quadratmeter, also bei sechs Quadratmetern sind das 6 Zentner, die auf die Scheibe drücken!"

Mama wollte es bestätigt haben. „Stimmt das?"

„Vielleicht – mal mehr, mal weniger."

Ich erklärte: „Papa denkt an die Sturmböen, die ja nicht gleichmäßig sind."

Plötzlich flog die Tür auf. Das Heulen des Windes schwoll gewaltig an, ich sprang auf und hielt mich an einem Pfosten fest, wohl aus Angst, durch den Sog hinausgezogen zu werden. Mit dem Rücken zur Tür drückte sich Erna herein, gestützt von dem Typen von nebenan. Beide blinzelten uns durchnässt und zerzaust an. Erna holte tief Luft und stieß aus: „Es ist gewaltig, großartig, phänomenal!"

Als wir sie verständnislos ansahen, ergänzte sie: „Erstens diese Etta Cameron mit ihrer gewaltigen Gospel-Röhre und dann dieser unbändige Sturm, der immer stärker wird – ohne Franky hätte ich es nicht nach Hause geschafft!"

„Bitte Herr Frank, nehmen Sie Platz und trinken eine Tasse heißen Tee."

Papa und ich schauten uns an, wir wussten, die Partie Schach hatten wir beide verloren.

„Stellen Sie sich vor", begann Mama, „mein Sohn Emil hat eben berechnet, dass diese große Scheibe einen Winddruck von 10 Zentnern aushalten muss, und als Sie eben die Tür aufmachten, hat es im Fensterrahmen ganz verräterisch geknistert."

„Nehmen Sie es mir nicht übel, meine Eltern werden sich schon ängstigen – vielleicht morgen, dann gerne." Er flötete Erna ein „Hei" zu und ging – ich hielt die Tür fest.

„Und du hast keine Angst, dass die Scheibe eingedrückt wird?" wollte Erna von ihrem Daddy wissen. Sie betrachtete eingehend Scheibe und Rahmen. „Ich meine, du bist ja schließlich Architekt. Wieviel darf sich eine solche Scheibe eigentlich durchbiegen?"

„Ich meine 10 bis 15 Millimeter."

„Diese biegt sich bedeutend mehr durch!"

Als Papa aufstand, kommentierte Mama: „Seine Tochter nimmt er ernst – na endlich!"

Mein Vater drückte das Ohr an die Wand und kniff das eine Auge zu.

Ich nahm meine Angel, spulte ein wenig Sehne ab, gab das eine Ende meiner

Schwester und spannte das andere über die Rahmenleiste. Meinem Vater reichte ich das Fischmesser: „Hinten ist die Zentimetereinteilung."

Ich sah, wie die Sehne am Messerrücken hin und her wanderte. Mein Vater kriegte den Mund nicht zu.

„Ich hab's ja gleich gesagt, das ist eine Pressluftbude. Mir wird immer klarer, warum wir die letzten Mieter sind.!"

„Du hast aber auch gesagt, das einzig Schöne sei die große Scheibe mit dem Blick aufs Meer!"

„Das ist in dieser Situation eine dumme Bemerkung", wies Papa Erna zurecht.

„Mein Lehrer hat eine Taifun auf Hawaii erlebt. Da hat man die Fenster von außen verbarrikadiert und ist in den Keller gegangen!"

Mein Vater schaute mich an: „Wir haben keinen Keller, aber wir werden – sicherheitshalber – die Scheibe von innen absteifen!" Er sah sich im Zimmer um. Plötzlich passierte es: Zuerst gab's einen berstenden Krach aus der Küchennische, und dann ging das Licht aus.

Mama schrie gellend auf, meine Schwester stürzte über einen Stuhl, meinen Vater sah ich schemenhaft mit einer Hand die Scheibe festhalten. Nachdem wir uns alle etwas auf die Dunkeheit eingestellt hatten und auf das Geheule des Windes, das verstärkt aus der Küche kam, sagte Papa mit etwas gebrochener Stimme: „Nur jetzt die Ruhe bewahren. Emil, du holst die Taschenlampe, und Erna, du machst die Kerzen an!"

Ich wollte in Richtung Tür, schoss aber mehrmals hin, weil ich mich in der Angelsehne verheddert hatte. Meine Mutter schaffte es als Erste, wieder Licht zu machen, sie hatte einige Kerzen angezündet. „Ich habe nicht gedacht, dass es kurz vor Mitternacht noch so hell ist! Ich meine, wir sollten das Plättbrett nehmen!" Sie kam aus der Küchennische und gab's meinem Vater in die Hand. Der schien immer noch recht konsterniert, begriff aber allmählich, stellte das Brett senkrecht gegen die Scheibe und legte sich dagegen.

„Nun brauchen wir nur noch die Versteifung."

Wir blickten ratlos im Raum herum, bis mein Vater sagte: „Nein, anders – der Tisch kommt vor die Scheibe, das Bügelbrett wird zur schrägstehenden Steife."

Ich schien ziemlich dämlich aus der Wäsche geguckt zu haben. Er sagte: „Das Schachspiel kannst du abräumen, ich gebe zu, du hast mich aufs Kreuz gelegt wie ein Profi. Hab' dich unterschätzt!"

Der Tisch wurde abgeräumt, hochgekantet, mein Vate stemmte schräg das Bügelbrett dagegen. Da es auf dem glatten Holzboden wegzurutschen drohte, musste meine Mutter einen Sessel dagegen schieben, auf dem mein Vater sich niederließ mit der Bemerkung: „Hier sitz' ich nun, ich kann nicht anders – und steh' so schnell nicht wieder auf.

Wir andern drei ließen uns nieder wo wir gerade standen, sagten nichts und hörten nur auf den Sturm, der immer stärker zu werden schien. Er wütete am Haus herum, versuchte Bretter zu lösen, Balken aus ihrer Verankerung zu reißen, die Dachentlüftung aus Zink hatte er abgeknickt, sie lag auf dem Dach und schepperte, als wenn an einem fahrenden Auto mehrere Konservendosen hängen. Wir beobachteten alle ein Bild, das sich hin und her bewegte, und die Lampe, die hin und her pendelte.

Stark fand ich Paps tröstende Worte: „Irgendwie werden wir es schon mitkriegen: Entweder heben wir ab und fliegen durch die wilden Lüfte, oder das Meer spült uns auf dem Priel ins Inland an irgendeinen Berg!"

Plötzlich flog die Tür auf. Der Windzug ließ die Kerzen erlöschen. Es dauerte einige Zeit, bis ich meine Stablampe gefunden hatte und zur Tür ging, um sie wieder zuzumachen. Ich legte den Rückwärtsgang ein, als drei vermummte Gestalten in der Tür standen. Wie eine wildgewordene Furie stürzte sich Schnauzer Amlie auf die Eindringlinge. Ich hatte Mühe, den aufgeregten ‚Köter' zurückzuhalten, erwischte ihn endlich am Halsband und sperrte ihn ins Schlafzimmer. Erst dann murmelten die Vermummten: „Entschuldigen Sie bitte, aber wir dachten , bei Ihnen noch Licht gesehen zu haben."

Meine Mutter fing sich als Erste: „Aber bitte, treten Sie doch ein und machen Sie vor allen Dingen die Tür zu, dann gibt's auch gleich wieder Licht."

Gesagt, getan – bei Licht erkannte man, wer's war: Frankyboy mit Sippe. Die Mutter stammelte: „Franky erzählte uns, dass unsere große Scheibe womöglich durch den Sturm zerstört wird, und da bekamen wir Angst. Plötzlich ging auch noch das Licht aus. Eigentlich wollten wir mit dem Auto in die Stadt fahren, um in einem Hotel zu übernachten, aber Franky sagte ..."

„Aber nun legen Sie doch erst einmal ab. Ich bitte dich Erna, hilf doch mal ..."

Was meine Mutter und Erna betraf, so schienen sie beide happy zu sein.

Der Herr Nachbar, der bisher noch gar nichts gesagt hatte, ging auf meinen Vater zu und gab ihm wortlos eine bauchige graue Flasche. Die erkannte mein Alter auch ohne Brille; als er durch Schütteln festgestellt hatte, dass sie voll war, schien auch er happy zu sein, jedenfalls klang sein „Daisy, reich doch bitte mal zwei Gläser aus der Küche" sehr fröhlich.

Jedenfalls möchte ich diese Nacht nicht aus meinem Leben streichen. Donald und Bruno tutschten die Flasche Tullamore Dew aus, Daisy und Ilschen brühten fortwährend Earl Grey auf und aßen (natürlich mit uns) røde grøde med fløde, wir saßen im großen Kreis, fingen an mit Knobeln, gingen über zu Schwimmen, setzten fort mit Schweinetreiben und Schummellieschen, dann wurde gesungen, ich trommelte mit zwei Quirlen auf mehreren Töpfen, Frankyboy überjaulte auf seiner Mundharmonika den Sturm, und Erna versuchte, die Cameron zu imitieren.

Manchmal wechselten Bruno und Donald den Sessel – wenn sie pinkeln mussten. Als es ganz hell war, ließ auch der Sturm nach. Der Tisch wurde abgeklappt, das normale stinklangweilige Leben hatte uns wieder.

Bruno und Ilse wollen heute unbedingt abreisen. Sie haben Schiss in der Hose, sind eben keine Wikinger, sondern verweichlichte Mitteleuropäer. Da Frankyboy auch mit weg muss, hat mir Erna versprochen, den Aufsatz ins Reine zu schreiben.

Der Prachtbungalow von nebenan wird leerstehen. Erna und ich werden uns weigern, umzuziehen.

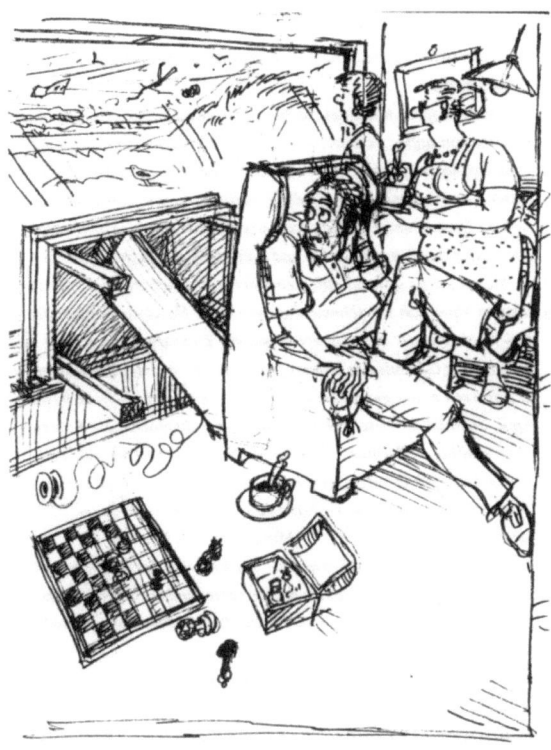

Liebe Oma, lieber Opa: Dies ist ein verdammt langer Brief. Aber Ihr habt ja genug Zeit, ihn irgendwann einmal zu lesen. Zweifellos habe ich das große Los gezogen und eine Lehrstelle bekommen.

Ist ja wohl eine Sache der Biberehre, einen Beruf im Holzbereich zu erlernen. Meister und Berufsschullehrer sind mit mir zufrieden, hoffe, im nächsten Jahr theoretisch und praktisch mit zwei abzuschließen.

Das Wetter ist jetzt bombig geworden, knallige Sonne, allerdings kein ideales Anglerwetter. Eben ist ein Kumpel gekommen, mit dem werde ich von der Mole auf Flundern gehen. Amalie als passionierte Anglerin ist auch mit von der Partie. Habt 'ne gute Zeit und seid gegrüßt von

Eurem Emil

24. Dienstreise nach Bonn

... und wegen der Gefährten ist der Weg schon immer ein bisschen das Ziel ...

Spandau ist fünf Jahre älter als Berlin. Die 750-Jahr-Feier Spandaus fand 1982 statt. Deshalb sollte in diesem Jahr das Laubenpieperfest in Bonn vom Bezirk Spandau gestaltet werden. Doch es kam anders, der damalige Senator für Bundesangelegenheiten, Dr. Norbert Blüm, sagte kurzfristig das Fest ab. In einem Brief an die Schulleitung schrieb er: „Erst als das Ausmaß der wirtschaftlichen Schwierigkeiten in Zusammenhang mit der AEG-Krise, die insbesondere unsere Stadt betreffen, bekannt wurde, entschoss ich mich, das Laubenpieperfest in diesem Jahr ausfallen zu lassen."

Nach Berechnung des DGB sind seit dem Regierungswechsel in Berlin etwa 34.000 Arbeitsplätze verlorengegangen. Für 1983 ist mit einem weiteren Rückgang der Erwerbstätigenzahl um 18.000 auf 790 000 zu rechnen. Die politische Wende hat den Berlinern durchschnittlich 100.000 Arbeitslose pro Jahr mehr beschert. Vielleicht ist den Regierenden in Bonn „das Ausmaß der wirtschaftlichen Schwierigkeiten" nicht bekannt. Auch der Minister Blüm feierte auf dem Laubenpieperfest, wie er es vorher vor den Fernsehkameras auf dem Karneval tat, wo er das „Vergissmeinnicht" sein wollte. Was die zahllosen Schwierigkeiten betrifft, so macht es sich der Politclown leicht: Entweder ist die frühere Regierung Schuld an der Misere, oder die einzelne Landesregierung ist unfähig, die Karre aus dem Dreck zu schieben.

Nach dem „Bonner Express" vom 8. September 1983 wurden auf der Berliner „Sause ohne Pause" unter anderem gesichtet: Die Minister Blüm und Engelhardt, Kiechle, Riesenhuber, Schneider, Windelen, Wörner, Vizepräsidentin Annemarie Renger, Berlins Regierender Bürgermeister von Weizsäcker, sein Bonner Kollege Heinz Daniels, CDU-Fraktionsvorsitzender Alfred Dregger, Hans-Joachim Vogel ist mit der Bockwurst vor dem Mund abgebildet, Richard Stücklen verteilt im „Bonner Stadtanzeiger" kräftige Schläge aus der Gulaschkanone. So stellt sich's an Bildern in der Presse dar: Die Opposition frisst, die Regierenden geben den Hungernden und Bedürftigen. Die Tatsache, von der Presse vorgeführt zu werden, fürchtete wohl auch die AL-Fraktion des Berliner Abgeordnetenhauses, die demonstrativ auf die Teilnahme am Fest verzichtet hat.

Ihre Argumente, „die wirtschaftliche Situation für viele private Haushalte sei schlecht und auch im öffentlichen Haushalt sei Schmalhans Küchenmeister und die Veranstaltung sei nicht mehr als Honorationsbesäufnis auf Staatskosten" verdeutlichen im hohen Maße Profilierungsneurose. Denn es gab keinen Sekt und Jubiläumsaquavit, sondern Bier und Kutscherschnaps, keinen Lachs und Kaviar, sondern Bockwurst und Bulletten, keine ‚hors-d'oeuvre' und Törtchen, sondern Schmals, Harzer und Schusterjungen, keine Bouillabaisse und Krebssuppe, sondern Kartoffel- und Erbsensuppe, keine Staatsbesoffenen, sondern meist fröhliche, etwas angeschäkerte Menschen. Leider ist der Bundeskanzler verhindert. Tags darauf versichert er aber bei der ZDF-Sendung ‚Berliner Chefredakteure fragen, der Kanzler antwortet': „Berlin ist für mich der Mittelpunkt Deutschlands." Erforderlich sei eine weitere Verstärkung der Sympathie in der Bundesrepublik für Berlin. Nach Meinung der Zimmerlehrlinge hatten der amtierende Berlin-Senator Scholz, der Spandauer Bürgermeister Salomon und natürlich sie selbst dazu einen kleinen Beitrag geliefert.

Die acht Zimmerer sind mit ihrem Meister, dem Ausbildungsleiter und dem Alten nach Bonn gekommen, um das maßstäblich verkleinerte Kommandantenhaus und den dicken Juliusturm vor der Berlinvertretung in die Joachimstraße zu bauen. Um 7 Uhr in der Früh' geht es ohne Frühstück los: Der Aufbau der von den Tischlern gefertigten Kulisse dauerte sechs Stunden, der Abbau und die Verladung auf die beiden LKW am nächsten Tage geht etwas schneller. Am Vorabend des Festes schlendert man durch Bonn. Am Münster sind Stände mit jungen Menschen besetzt, die gegen das Wettrüsten protestieren und an die drei Fastenden erinnern, die bereits über einen Monat hungern: An die Amerikanerin Elukovich, die Deutsche Jo Jordan und den Franzosen Didier Mainguy. Die Jungen sind betroffen und ratlos. Pastor Albertz wird recht haben, wenn er sinniert: „Der Zynismus derer, die mit Waffen umgehen, ist so groß, dass es denen gleichgültig ist, ob hier Menschen sterben." Man deckt sich mit entsprechenden Aufklebern ein und versucht, sie beim Laubenpieperfest an exponierter Stelle anzubringen. Der Regierende Berlins läuft einige Zeit mit dem Kleber auf dem Rücken herum und spricht sich gegen das Wettrüsten aus. Die Jungens in ihrer Zimmerertracht finden auch ihre Kreise; sie disklutieren einvernehmlich oder kontrovers mit Bonnern oder Spandauern. Mit dem Spandauer Fischergesellen stricken sie Netze, dem Bauer Bathe versprechen sie für seinen neuen Bauernhof eine geschnitzte Wendenkrone.

Der Alte sieht zu, wie sich einige seiner Schüler um den Bürgermeister von Spandau, Werner Salomon, und den Bürgermeister von Berlin, Richard von Weizsäcker, scharen. Es wird ein anständiges Foto für die Presse gemacht: Wer die Jugend hat, dem gehört die Zukunft! Der Alte denkt daran, dass der zukünftige Bundespräsident in einem Aufsatz „Chance der Krise" mit seinen politische Gegnern hart ins Gericht ging: Entscheidungsfreudige Macher (wie Schmidt) seien zwar besser als ideologische Spinner (wie Brandt), jedoch: Zwingend nötig sei heute die Fähigkeit der Politiker, die langfristigen Ziele zu beschreiben. Auch als Unionsredner sah er im Deutschen Bundestag die damalige Regierung ohne Konzept und Ziel. Er wird sich als Bundespräsident an den von ihm selbst gesetzten Maßstäben beurteilen lassen müssen. Wird er die geistige Kompetenz haben, lebensbejahende, zukunftsorientierte Baupläne mit langfristigen Zielvorstellungen zu entwickeln? Wird er das politische Einflussvermögen haben, diese Konzepte und Ziele im gesellschaftlichen Bereich auch durchzusetzen? Mit anderen Politikern hätten sich die Jungens nicht fotografieren lassen. Männer vom Bau sympathisieren mit Architekten, Zimmerer insbesondere mit solchen, die demokratische Bauwerke erstellen, die den Bedürfnissen der Menschen gerecht werden und bei denen Bauhandwerker ihre fachlichen Fähigkeiten darstellen können. Man akzeptiert also auch Leute, die sich nicht wie Bauarbeiter bei der Arbeit die Finger schmutzig machen müssen. Sie spüren, dass ihr zukünftiger

Präsident die besten Absichten hat und dass er bis jetzt ohne Schuld ist. Hoffentlich enttäuscht er die jungen Menschen nicht, die sich heute um ihn scharen! Da sie es nicht schaffen, bis 11 Uhr in der Jugendherberge auf dem Venusberg zu sein, schlafen sie in dieser Nacht über-, unter- und durcheinander im Kleinbus des Meistersund im hohlen Bauch des Juliusturmes. Der „Bonner Stadtanzeiger" vom 8.9.83 stellte rückblickend fest: „Auf der Straße und im Garten drängten sich die vielen Freunde Berlins und ließen es sich wohl sein. Nicht nur bot dieser Abend viel Gelegenheit zum Sehenund Gesehnwerden, zum Plausch beim Bier, zum Klatsch bei der Bulette, die Gäste genossen auch den zwar schon herbstlichen, jedoch schönen Bonner Abend – und alle wussten: Das Bonner Karussell hat wieder begonnen, sich zu drehen."

Nach fünf Stunden Arbeit an frischer Luft dreht sich das Bonner Karussell in den Köpfen der jungen Männer nicht mehr. Um 13 Uhr starten sie auf der Autobahn in Richtung Nordosten.

Obwohl sich der Alte besonders am Kamener Kreuz voll auf das Fahren konzentrieren muss, lässt er sich von seinen Jungen unterhalten. Die Baustellenarbeit wird angesprochen, alle klagen über die Arbeitsmethode eines Meisters beim Aufbau des Dachstuhls in der Kamminer Straße in Charlottenburg.

Der Alte versucht zu beschwichtigen: ‚Unterforderung führe zu Aggressionen, sie sollten zufrieden sein, körperlich und fachlich gefordert zu werden. Selbstverwirklichung könnten sie in ihrer Freizeit und nicht am Arbeitsplatz suchen.' Darauf die Jungen: ‚Wenn es nur um Leistung ginge, aber die fortwährende Anmotzerei durch einen bestimmten Meister ...' Gleich nach der Rückkehr soll es zu einer gemeinsamen Aussprache kommen.

Nee, Bücher lesen sie nicht, dazu hätte man keine Zeit, Theaterbesuche sind teuer und langweilig, aber ins Kino würden sie öfter gehen. Uwe hatte schon fünfmal Silbermanns „Diva" gesehen. Der Streifen geht unheimlich gut ab. Was daran dufte ist? Na, zum Beispiel die faszinierende Fernandez, die die „La Wally" singt, da läuft's einem den Rücken runter. Und dann die einmalige Bude von dem Frederic, die ehemalige Autowerkstatt, aber auch das überladene Wohnnest von seinem Freund hatte Ausstrahlungskraft und dann natürlich der Wohnsaal von dem intellektuellen Typen. Wie der alle aufs Kreuz gelegt hat, ohne sich die Hände schmutzig zu machen, war einsame Spitze. Ein „Spinnerter", der die Welt besser als jeder Lebensprofi versteht. Der Alte schaut sich seinen Beifahrer an, der Ähnlichkeit mit Frederic hat und voll in die Rolle hineingeschlüpft ist, und sagt:

„Und dann der kleine Postbote mit dem großen Kunstverstand und seiner einmaligen Liebe zu DIVA! Das war eben alles Spitze: Die nicht sexuelle, sondern vergeistigte Liebe, der Sieg der armen Durchschnittstypen über brutale Gangster und korrupte Bullen." Die Jungs kriegen sich nicht ein.

„Aber eben nur ein Märchen!" wendet der Alte ein. ‚Aber gerade das braucht man ja für diesen beschissenen Alltag, genau solche Märchen, die sich an der Realität orientieren.' Der Wagen trudelt die Bielefelder Berge hinunter. Nach der zwei Wochen nach der Reise eingegangenen polizeilichen Anzeige hat das Fahrzeug die zulässige Höchstgeschwindigkeit (100) um 25 km/h überschritten.

Die Non-Stop-Fahrt nach Berlin wäre mit den müden Helden eine zu große Strapaze gewesen, und so hat der Alte einen Aufenthalt in Sievershausen eingeplant. Dort fam 9. Juli 1553 die blutigste Schlacht mit erstmaligem Einsatz von Feuerwaffen auf niedersächsischem Boden statt. Der Pfarrer der Gemeinde, Herr Rauterberg, hatte die Kraft, ein Antikriegsmuseum zu errichten. Das historische Schlachtfeld liegt direkt vor dem Pfarrgarten und zu Gedenkveranstaltungen wurden zum Teil recht dumme Reden gehalten. Zum anderen entfaltete sich die Friedensaktivität des Pfarrers deshalb, weil zwei seiner Kinder beim Einsatz des Friedensdienstes in Israel getötet worden sind.

Unterwegs hat man eingekauft, und so sitzen sie abends im Kreise um ein Feuer, rösten Kartoffeln und Fleisch und trinken Wein oder Saft. Der Pfarrer erzählt, wie eine zum Anriss bestimmte alte Scheune ausfindig gemacht wurde, dass viele helfen wollten, zum Hausbau ein gewisser Sachverstand jedoch unabdingbar sei und man zum Sortieren der Hölzer und zur Errichtung des Fachwerkbaus unbedingt einen Zimmerer brauchte. Und es kam ein Bartning-Absolvent, der stellte als Bedingung: für ein Arbeitsjahr Unterkunft und gute menschliche Behandlung. Dieser Geselle sorgte für Nachschub von Fachkräften aus der Spandauer Zitadelle. Die Zimmerer kamen mit ihrem Lehrer Frank mehrmals zu den Wochenenden und im Urlaub, eine Klasse Rohrinstallateure arbeitete mit Meister Bernd und Lehrer Reiner während eines 10-tägigen Bildungsurlaubs.

Als es anfängt, leicht zu nieseln, besichtigt man nachts das Haus mit dem Giebelspruch: „Sie werden ihre Schwerter zu Pflugscharen machen und hinfort lernen, nicht mehr Krieg zu führen." In der Dokumentationsstätte verweilt man bei der Eintragung der Theologin Dorothee Sölle im Gästebuch:

„Langsam aus dem Haus des Menschenfresser herauskommend
in bessere Häuser
wie Sievershausen eintretend
machen wir uns auf den langen
Weg Frieden
und wegen der Gefährten
ist der Weg immer schon
ein bisschen
das Ziel!"

Nach dem nächtlichen Rundgang durch die Ausstellung sitzt man noch am Feuer. Man verspricht dem Pfarrer, die Eingangstür für das Froedenshaus zu bauen, und der Alte erzählt von der intensiven Zusammenarbeit mit der Aktion Sühnezeichen Friedensdienste. Der Berufsschullehrer Ernst Buszys ist mit mehreren Absolventen der Schule in Servia, einem kleinen griechischen Ort unterhalb des Olymp gewesen. Als Vergeltung wurde der Ort während des Zweiten Weltkrieges von deutschen Truppen dem Erdboden gleich gemacht. Als Zeichen der Sühne baute man eine Zisterne. Bei fast jedem Sühnezeichen-Projekt beteiligten sich Zitadellenschüler und -absolventen: In Taizes wurde eine Kirche gebaut wie auch in Hammerfest in Nordnorwegen, ein Haus für geistig und körperlich Behinderte entstand in Mittelnorwegen, wo die Deutschen beim Rückzug zum Einbruch des Winters ‚verbrannte Erde' zurückgelassen hatten. Man arbeitete in England (Coventry) und in Polen und nahm die gebotenen Möglichkeiten wahr, etwas für die Versöhnung der Völker zu tun und für den Frieden auf dieser Welt.

Die jungen Menschen meinen, dass die Gesellschaft dem Einzelnen kaum eine Chance gebe, etwas Gutes oder Produktives zu tun. Hier in der Lehre sei es noch ganz gut, aber wenn man ausgelernt hat, wird man arbeitslos ode rirgendwo untergebuttert, habe keine Chance sein leben zu leben, sich selbst zu verwirklichen. Vielleicht ist es als Zimmermann gut, erstmal auf Wanderschaft zu gehen, um die Welt kennenzulernen. Die Gesellschaft sei geblendet von den Fortschritten in Wissenschaft und Technik. Viele der älteren Generation verlangten von ihnen etwas, was die selbst nicht vorlebten und was sie in ihrer eigenen Jugend nicht praktiziert hätten. Es gebe zu wenige solcher Sternstunden, wo man mit Freunden zur mitternächtlichen Stunde am Feuer sitze, Kartoffeln röste, Landwein trinke, über Gott und die Welt rede ...

Der Alte ist müde und zieht sich zum Schlafen zurück. Das frühere Leichenwagenhaus hat man etwas umgebaut, eine steile Treppe führt in die Schlafkammern. Er zieht Schuhe, Hose, Jacke und Hemd aus und schlüpft in seinen Schlafsack. Inzwischen hat es aufgeklart und durch das kleine Sprossenfenster sieht man Sterne. Er hört das Lachen der jungen Leute im Hof, von denen er in den drei Tagen des intensiven Beisammenseins eine Menge gelernt hat, mehr als von irgendwelchen Klugscheißern und hohlen politischen Größen.

Die Einzelgespräche machen ihm wieder einmal deutlich, wie neben der ‚geplanten' Schulbildung andere Einflussgrößen wie Film und Fernsehen, Jugendgruppe und Elternhaus die jugendliche Persönlichkeit entscheidend formen und bestimmte Verhaltensweisen festlegen. Es ist nahezu unmöglich, Leben, wie es den Jugendlichen fasziniert, im Klassenraum darzustellen mit Tafel und Kreide, mit OH-Projektor und Schulstuben-Atmosphäre. Die Wohlstandsgesellschaft wartet da mit anderen Dingen auf, die Sinne einzufangen. Auch für den 17- bis 20-Jährigen sind die zwischenmenschlichen Begegnungen entscheidend. Jeder Bildungserfolg ist nur möglich über ein soziales Engagement des Lehrers oder Meisters. ‚Moderne Schulstrukturen' und ‚wissenschaftliche Curricula' sind ohne dieses Engagement wirkungslos. Um es mit Monty Pythons „The Meaning of Life" aufnehmen zu können, musst du dich nachts um ein Feuer setzen und geröstete Kartoffeln von einem ehemaligen Schlachtfeld essen.

Inzwischen haben sie auf dem Hof Schluss gemacht. Sie kommen die Treppe leise empor, so dass der Alte beim Einduseln nicht gestört wird. Im Halbschlaf murmelt er:

> „... und wegen der Gefährten
> ist der Weg immer schon
> ein bisschen
> das Ziel ..."

Qualifizierungsvereinigung

Berliner Sozialpädagogen e. V.

Technische Universität Berlin

FACHBEREICH 22
ERZIEHUNGS-
U. UNTERRICHTS-
WISSEN-
SCHAFTEN

Institut für
Sozialpädagogik

85

NYKSUND

Arbeitseinsatz der Lehrlinge in Nyksund/Norwegen

25. Schulalltag – Slawenburg und Gifthalden

Schulischer Alltag im Abriss

Schon längst haben die Fledermäuse ihre nächtliche Jagd eingestellt und haben sich, von Lärm und Licht geschützt, an die Gewölbedecken der Katakomben und Kasematten gehängt. Die Eulen sitzen auf den Erlen und schließen ihre Augen vor der nun bald einsetzenden Hektik menschlichen Treibens. Ein Fuchs schnürt eilig vom Festungsareal über den Damm in das angrenzende Landschaftsschutzgebiet, um seinen Schlafplatz in der ‚Freilichtbühne am Juliusturm' aufzusuchen. Um 6.30 Uhr passiert der **Betonbauermeister Manne**, der Kanute, mit einigen Kollegen anderer Fachrichtungen das Zitadellentor. Im Umkleideraum streift er sich seine Arbeitsklamotten über und schließt danach die Türen der Werkstätten auf. Er geht rüber zur Kantine, zieht aus dem Automaten einen weißen Kaffee und lässt sich von der Kantinenwirtin ein frisches Brötchen mit Griebenschmalz schmieren. Im Meisterraum trifft er seine beiden Kollegen. Hercules Bernd macht den Schalkurs im italienischen Hof, der Radler Willi hat den Lehrgang für Bewehrung und Beton, während er in der Produktion steckt. Noch vor der Frostperiode wollen sie die Fundamente für das Foyer fertig haben. Für diese komplizierte Arbeit hat man ihm sechs Dreijährige und sechs Counterparts zugeteilt. Pünktlich um sieben Uhr stehen alle vor dem Meisterbüro, und er geht mit ihnen zur nahen Baustelle am Juliusturm. Gestern Nachmittag hatten sie die Sauberkeitsschicht für die Fundamentsohle betoniert, heute werden sie die gebogenen Stähle von der Halle zur Baustelle bringen und anfangen, die Bewehrung zu verlegen.

Marcus will Elektriker werden, er ist im zweiten Ausbildungsjahr. Er hat vor, die 3½ jährige Lehre um mindestens ein halbes Jahr zu verkürzen. Dazu muss man gute Noten in den fachtheoretischen Fächern, in Sozialkunde und im Fachpraktischen haben. Bis jetzt läuft bei ihm alles nach Plan. Der Unterricht beginnt um acht, und er brummt mit dem zweiten großen Schülerstrom auf seiner selbstgebauten Tschopper durch das Eingangsgewölbe. Er ist Vorsitzender der SV und hat für heute um 13.30 Uhr eine Sitzung der Schülervertretung angesetzt. Deshalb geht er gleich ins Schulbüro und lässt sich den Schlüssel für den Clubraum und den Ordner mit den Protokollen geben. Beim morgendlichen Plausch mit der Sekretärin trifft er seinen Klassenlehrer, der ihm das Filmgerät mit den Worten aufhalst:

„Wenn Du ein Kumpel bist, baust Du unten gleich auf!"

„Okay, weil Sie ein Kumpel sind und heute noch keine Technologie-Arbeit schreiben lassen, werde ich mal nicht so sein!" Beide grinsen sich an.

„Wären Sie schon wie die Sekretärin ab 7 Uhr in der Schule, dann brauchten Sie keine Hilfskräfte!" –

„Woher willst Du denn wissen, wann Frau Schmidt ihre Arbeit beginnt?"

Marcus wendet sich mit dem Filmgerät zum Ausgang:

„Die arbeitende Bevölkerung beginnt um sieben Uhr, wie ich auch dreimal in der Woche, und da habe ich Frau Schmidt schon mehrmals gesehen." ‚Den hast du aber ganz schön angemacht', denkt er beim Rausgehen, ,hoffentlich nimmt er dir dies nicht übel!'

Zurzeit ist der Leiter des Unterrichtsteils nicht im Dienst. Seit 27 Jahren ist **Cletus**, der rechtschaffende Römer, das erste Mal krank. Eine längst fällige Operation hat er mehrmals hinausgeschoben. Seine Devise zur Zusammenarbeit ,Nicht meckern, sondern Vorbild sein', sorgt für eine angenehme zwischenmenschliche Atmosphäre. Sie ist jedoch für den Vorgesetzten enorm strapaziös und setzt voraus, dass jeder Kollege eine Antenne für diese Art der zwischenmenschlichen Beziehungen hat. Fast alle Kollegen haben. Zwischenzeitlich wird die Rolle des Römers von anderen „Funktionsträgern" übernommen. Im Lehrerzimmer werden mit einzelnen Kollegen Gespräche geführt über Großveranstaltung in der Friedenswoche, Anträge von Fachkonferenzen, Ergebnisse von Zwischenprüfungen, Vorträge von Firmen, Beteiligung von Auszubildenden an Sportveranstaltungen und Bildungsveranstaltungen. Auf Konferenzen kann es leider nie zu Einzelgesprächen kommen, deshalb sind die Begegnungen im Lehrerzimmer wichtig.

Wie immer empfindet **der Alte** den Inspektionsgang über das Gelände und durch die Werkstätten als erfrischend. Die Tischler verladen Fenster und Türen für das Sportstättengebäude am Askanierring. Die jungen Männer können den Mädchen zeigen, dass für Anschlagarbeiten auf dem Bau Kraft erforderlich ist. Bei Filigranarbeiten in der Tischler-Werkstatt und im Technologie-Unterricht sind ihnen die Mädchen oftmals überlegen. Meister Reh freut sich, als er vom Alten hört, dass der Landeskonservator des Lobes voll ist über die handwerkliche Leistung bei der Fertigung alter Türen.

Für 50 **Bauschlosser** ist die Produktionshalle recht eng bemessen. Nächste Woche sieht es schon besser aus, da sind die 12 Schwingtore fertig und gehen zur Montage auf die Baustelle. Mit dem neuen Mann hat sich die Schule einen hervorragenden Schlossermeister eingekauft. Er kommt von der über 100 Jahre alten Firma Rieth und Sohn, die vor einem halben Jahr Konkurs anmelden musste. Der kleine Magnus ist Schmiedeexperte. Er musste seine Firma, die drei Generationen überlebte, dichtmachen. Mister Cembalo war sechs Jahre im Entwicklungsdienst; mit Meister Günter, dem Maschinenexperten, führt er die überbetrieblichen Lehrgänge durch.

Als im Sommer alle Urlaub machten, haben die dreijährigen Bauschlosser ihren Abschlusslehrgang bekommen. Trotz dieses großen Engagements der Meister war das Prüfungsergebnis niederschmetternd: 4 von 24 fielen bei der Abschlussprüfung durch. Der Alte läst sich noch einmal das Prüfungsstück zeigen: Ein kompliziert aufgebauter verstellbarer Unterstellbock, für dessen Fertigstellung 13 Stunden vorgegeben waren. Die Herren aus Stuttgart, die die Prüfungsunterlagen nach PAL für das Prüfungsstück erstellten, sollten sich wieder einmal an die Drehbank stellen.

Trotzdem kann man auch in diesem Jahr mit dem Prüfungsergebnis zufrieden sein: Im Schnitt haben 89 Prozent aller Auszubildenden der sieben Berufe ihre Facharbeiterprüfung auf Anhieb bestanden Etliche lernten vorzeitig aus und schlossen mit guten und sehr guten Ergebnissen ab. ·

Wenn sie den Stein der Weisen
hätten, der Weise mangelte
dem Stein. Goethe, Faust

„Wer denkt, er weiß was Beton ist,
der irrt sich.
Beton verkraftet jeden!"
H.J.Gallé, Betonbauerlehrling 1959

Illustrationen von
Cletus Loga

Was aber nicht gelingt, was steckenbleibt
im halbverschnittenen Holz – all das, was
steckenbleibt, das bleibst du schuldig,
du allein.
                              Otto Bartning

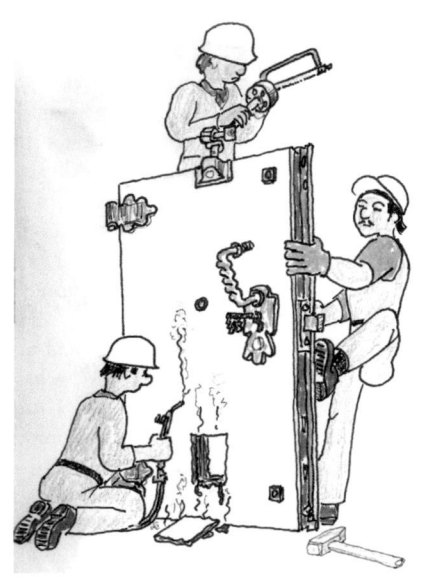

„ln der heutigen **Baubesprechung** haben sie uns am Wickel gehabt", berichtet Hanspeter. „Die Arbeiten am Foyer gehen sowohl der Bauleitung der Zita als auch dem Landeskonservator zu langsam voran." – „Obwohl wir erst in der vorigen Woche die Bewehrungszeichnungen vom Statiker bekommen haben", wirft der Alte ein. „Man meint, wir hätten schon Vorarbeiten machen können und will einen genauen Bauterminplan vorgeben. Zum nächsten Jahresende soll alles fix und fertig sein."

„Dann setzt mal gleich für morgen eine Baubesprechung mit Klaus und Hein und Manne an, damit wir Termine festklopfen." Sie gehen um den großen Innenhof zur Baustelle. Etwa fünf Meter vom schiefen Turm zu Spandau stehen die, die eigentlich arbeiten sollen, dicht beieinander und schauen in eine große Grube. Der Alte will ihnen schon Beine machen, hält sich aber doch zurück, als er sieht, dass der **Grabungstechniker Gehrke** versucht, sein „Gebuddele" zu erklären: „ln diesem kleinen Areal verdichten sich mehrere Jahrhunderte Baugeschichte. Hier die hölzernen Senkkästen mit den Rundbögen aus Feldsteinen vom Ende des 11. Jahrhunderts, dann die Askanier mit ihrer Handelsstraße aus doppelter Bohlenlage, die allmählich auch in den Morast absackte, dort die Bögen aus Ziegelmauerwerk aus der Renaissance, hinten dann die sichtbare große Festungsmauer wurde 1580 bis 90 gebaut. Und zwischen diesem Gebälk und Steinwerk im Faulschlamm allerlei Krimskrams: Ein Klöppel für die Steinbearbeitung, eine Wendenkeule, Tonscherben ..."

„Wenn ick nu richtig informiert bin", streut ein Betonbauer ein, „kommt doch nach der Zeichnung genau hier rüber der neue Toilettentrakt, so det man sagen kann: Die Berliner scheißen uff ihre Jeschichte!" Die Jungens lachen, und auch der Archäologe findet den Einwurf recht witzig.

„Da fragt euren Direktor, der Bau wird sich wohl etwas anders gestalten." Alle schauen den Alten an.

„Erst einmal sind wir beim Foyer, und das bauen wir nach der vorliegenden Zeichnung, dann kommt direkt an der Festungsmauer der überdachte Wandelgang und vom dritten und vierten Bauabschnitt stimmen die Zeichnungen nicht mehr. Fest steht, dass die grabungstechnischen Funde erhalten bleiben und sichtbar gemacht werden sollen. Wenn da etwas festgeklopft ist, holen wir uns den **Landeskonservator Professor Engel**, der uns das alles erklären wird. Heute in der Baubesprechung hat der Landeskonservenvater euch vorgeworfen, dass ihr zu langsam arbeitet.

Die Jungens verstehen den Wink und trollen sich in Richtung Baustelle. Der Alte bedankt sich bei dem Archäologen für die kostenlose Unterweisung und geht mit Hanspeter und dem Betonmeister Manne K. in die Baubude.

Nach der Baubesprechung, auf seinem Wege zum Büro, geht er zu **Frau Christa**, die gerade Englisch macht, ohne anzuklopfen in den Unterricht. Er erinnert an die heute Abend stattfindende Elternvertreterverammlung. Mit der Rohrlegerklasse hatten sie einige Schwierigkeiten, aber heute ist eine angenehme Arbeitsatmosphäre, die durch den Besuch leider gestört wird. Draußen auf dem Flur pfeift er sich einen vor Begeisterung: Damals hätte er es nicht für möglich gehalten, dass die Kolleginnen so gut ,ihren Mann' vor der Klasse stehen. Der allgemein bildende Unterricht steht bei den jungen Männern vom Bau nicht hoch im Kurs.

Fachliches und pädagogisches Können, dazu ein enormes Engagement und solidarisches Verhalten machen erfolgreiches Unterrichten möglich. Bei Schwierigkeiten mit Verhaltensgestörten muss man sich auf die kollegiale Unterstützung des Meisters, des Techniklehrers und der Schulleitung verlassen können.

Bevor er sein Dienstzimmer aufsucht, geht der Alte in das schuleigene **Baubüro**, in dem die fünf Bauleiter sitzen. Roland betreut die Holzwürmer, Hein managet den Hochbau, Max die Hausinstallation, Manfred die Elektroinstallation und Gerhard die Bauschlosserei. Alle stehen unter enormem Druck, weil sie zur rechten Zeit die richtige ausbildungsintensive Arbeit für die jungen Leute parat haben müssen. „Sie werden's schon vom Verwaltungsleiter gehört haben", unterbricht sie der Alte bei der Arbeit, „der Titel ‚Rohstoffe zur Weiterverarbeitung' ist restlos erschöpft, eigentlich müssten wir aufhören zu bauen und könnten nicht mehr ausbilden."

„Wir wissen zwar nicht genau, wovon Sie sprechen", fängt Manfred an und Gerhard ergänzt: „... aber das mit ganzer Kraft!"

„Wir kennen zwar das Problem nicht", kommentiert Max und Hein Mück hängt an: „... aber wir bringen das Doppelte."

Nun fühlt sich Roland auch aufgefordert, seinen Senf dazuzugeben: „Wir nehmen mehr ein, geben dafür mehr aus und erwarten von ihnen, dass Sie noch oben einen draufgeben!"

Der Alte macht schnell, dass er rauskommt.

Marcus nummeriert die einzelnen Blätter, legt sie übereinander und bumst sie zusammen. Er schaut auf die Uhr, wiegt den Kopf und pfeift durch die Zähne. Er knallt seine Sachen in die Umhängetasche, schiebt den Stuhl unter den Tisch, streift sich die Jacke über, nimmt seinen Helm und die Fachmathe-Arbeit und geht nach vorne. „Wenn Sie ein Kumpel sind, lassen Sie mich abziehen, denn ich habe vor der SV-Sitzung noch etwas zu erledigen", kriegt er seinen Lehrer an, der mit einer Hinterhälfte und angewinkeltem Bein auf dem Lehrertisch sitzt.

„Und Du hältst nichts davon, Deine Arbeit noch einmal zu kontrollieren? Du hast noch über eine halbe Stunde Zeit! Das ist doch eigentlich nicht deine Art."

„Heute schon, ab und an muss man eben mal va banque spielen."

„Und wenn ich in Deinem eigenen Interesse frage, was Du zu erledigen hast?"

„Dann würde ich irgend etwa sagen, zum Beispiel: Ich muss vor der Sitzung unbedingt noch zum Direx!" Beide grinsen sich an und Marcus macht, dass er rauskommt.

Er holt sich schnell von Frau Wiesel ein Klappbrötchen mit Bulette und geht dann auf den Innenhof. Hinten unter der Kastanie sieht er **Anette** mit einigen Typen sitzen. Beim Näherkommen erkennt er unter anderem den Ausbildungsleiter der Holzwürmer, den Drummer Horst, deshalb wendet er ab und geht in Richtung Zitadellentor. Hinter dem Damm schlägt er sich links in die Büsche, haut sich ins Gras und macht 'nen Spannemann. Nach kurzer Zeit sieht er Anette aus der Zita kommen, am vorderen Eisentor bleibt sie stehen und schaut fragend nach links und rechts.

„Uhuuu -", heult er wie ein Käuzchen und beim zweiten Mal merkt sie, dass das wohl kein Federvieh ist. Er schnappt sie sich, und sie gehen in Richtung Freilichtbühne - erst einmal auf Distanz, weil ihnen einige Omas entgegenkommen.

„Ich muss gleich wieder zurück, denn wir fahren mit den Meistern auf die Baustelle, um Fenster einzusetzen."

„Bei eurem Arbeitstempo werdet ihr dazu die nächsten Wochen brauchen."

„Nun fang' Du auch noch an, mich auf den Arm zu nehmen, aber ich werde wie die flashdancende Alex nicht nur Aerobic, sondern auch Krafttraining machen, dann werd' ich Spitze sein – nicht nur beim Tischlern, sondern auch beim Bumsen!"

„Im zweiten Fall hast Du Dein Ziel schon erreicht, da kannst Du Dich nicht mehr steigern!" Sie bleiben stehen, schauen sich an, knutschen und knuddeln sich, dass Marcus der Helm aus der Hand rutscht und er merkt, dass ihn jemand von innen gegen die Hose drückt.

Beim Aufheben des Helms blickt er prüfend in die Runde und sagt dann: „Wir sollten uns bilden und in ein Theater gehen, am besten in ein **Freilichttheater!**" Anette schüttet sich aus vor Lachen. Als er sie aber bei der Hand nimmt und mit ihr forschen Schrittes dem Eingang der Freilichtbühne zustrebt, erahnt sie, was er im Sinne hat, und ihr Lachen wird etwas verhaltener, aber sie geht gerne mit. Beim Überklettern des Zaunes haben sie viel Spaß. Als sie das Theatergelände nach einem geeigneten Balzplatz durchstöbern, schrecken sie einen Fuchs auf, der fluchtartig das Gehölz verlässt, um sich einen neuen Schlafplatz zu suchen. Anette findet es einfach Spitze, dass Marcus kein kleinbürgerlicher Spießer ist, und dass er sie immer wieder mit neuen Ideen überrascht.

Nur mit der Wohnungssuche haben sie bisher Pech, obwohl sie bisher alles versucht haben. Vielleicht haben sie eine Chance, einen Dachboden auszubauen und sich somit ein Nest mit persönlicher Note zu zimmern. Aber es hat auch hier einen tollen Spaß gemacht auf dem Bretterboden der Freilichtbühne. Als sie gerade rausgehen wollen, treffen sie am Eingang den Wächter, der ganz verdattert ist:

„Was haben Sie hier gemacht, – und übrigens, wie kommen Sie denn hier herein?"

„Wir haben für das neue Stück geprobt ‚Die bumsfidelen Zita-Stifte', und übrigens:

Das Tor war offen!"

„Von diesem Stück habe ich noch nichts gehört, und das Tor habe ich doch eben aufgeschlossen." Der konfuse Greis dreht die Hand mit dem Schlüssel ein paar Mal herum. Marcus klopft dem Staunenden versöhnlich auf die Schulter.

„Lassen Sie mal sein, **Herr Knappe**, das hat schon alles seine Richtigkeit. Fragen Sie den Direx, der weiß Bescheid!"

„Woher kennst Du denn seinen Namen?", will Anette beim Weggehen wissen.

„Hat mir der Alte erzählt. Der war freiwillige Testperson im Gaslaboratorium. Der ist das lebende Zitadellenfossil aus der Hitler-Ära. Er mit Pferd, beide mit Gasmaske, sind im Kreis in der mit Giftgas gefüllten Katakombe herumgelaufen. Warum er sich dazu meldete? Kein Fronteinsatz und beste Lebensmittelkarte."

„Also, um fünf Uhr hol' ich Dich ab", Anette sitzt auf dem Chopper von Marcus und lässt den Motor leicht aufbrummen.

„Mensch, fahr' nur vorsichtig, so viel PS hast Du noch nie unter Deinem süßen Arsch gehabt!"

„Du hast doch mehr Angst um Deine Maschine als um mich."

„Nun quatsch nicht so'n dummes Zeug und schieß in den Wind!" Anette lässt den Kupplungshebel los und gibt gleichzeitig Stoff.

Marcus rennt zum Westeingang des Hauses sechs und nimmt auf der Treppe zwei Stufen auf einmal. Die Kumpels sind schon alle da, und er eröffnet die **Sitzung der Schülervertretung**. Christiane, die von den Schülern gewählte Lehrervertreterin, protokolliert die einzelnen Punkte: Erstens: Von den 22 Berufsfachschulklassen wollen beide Klassensprecher die GSV-Sitzung besuchen. Die Schulleitung ist anderer Meinung: lm dualen System wird niemand von der betrieblichen Ausbildung zu schulischen Sitzungen freigestellt, also bedeutet die Freistellung eines Sprechers schon ein Entgegenkommen. Zweitens: Die Unterkünfte auf der Baustelle Hannemannstraße entsprechen nicht der Arbeitsstättenverordnung.

Da keine Baubuden aufgestellt werden dürfen, müssten mindestens zwei neue Container zusätzlich angeschafft werden. Doch diese Investitions-Ausgaben in Höhe von 21.000 Mark müssten drei Jahre vorher beantragt werden. Was tun? Die Jugendvertretung soll mit dem Personalrat sprechen. Drittens: Am 22. Dezember ist letzter Unterrichtstag, doch am folgenden Tag müssen alle Auszubildenden mit ihren Meistern und Bauhandwerkern von 7 bis 16 Uhr arbeiten. Lässt sich denn daran gar nichts drehen?

Marcus trägt seine Probleme unter Punkt Verschiedenes auf der **Schulkonferenz** vor, die ab 4 Uhr im Dienstzimmer des Schulleiters tagt. Beim ersten Punkt zeigt sich der Alte unnachgiebig, das zweite Problem scheint durch den Ausbildungsleiter gelöst zu werden, für den 22. Dezember erwartet die Schulleitung von den Schülern Vorschläge für die Gestaltung einer Weihnachtsfeier. Die jeweils vier anwesenden Schüler, Eltern und Lehrer diskutieren lange über den Senatsbeschluss, die Ausbildungskapazität der Berufsfachschule von z. Z. 526 auf 230 Plätze im neuen OSZ einzuschränken. Marcus ist der l000ste Elektroinstallateur, der nach dem zweiten Weltkrieg von der Schule ausgebildet wurde. Danach soll die Ausbildung zum Eletroanlageninstallateur geschlossen werden, obwohl es hunderte von jungen Leuten gibt, die diesen Beruf erlernen wollen. Marcus versteht die Welt nicht mehr. Für die um sieben Uhr abends stattfindende Elternversammlung entschuldigt er sich.

Nachmittags sitzen sie in einer kurzen Dienstbesprechung zusammen. Es geht um ihre neue Schule – das **120 Millionen teure Oberstufenzentrum**. Frietjof, der Künstler, bekommt 30.000 DM für einen schulinternen Wettbewerb ‚Kunst am Bau'. Die von einigen Schülergruppen erteilten Entwürfe sind viel versprechend. – Studenten der TU Berlin haben drei Modelle für den **Abbundplatz der Zimmerer** auf den Tisch gestellt. Schüler, Meister und Schulleitung sollen sich entscheiden für einen zimmermannsmäßigen Abbund oder eine streng ingenieurmäßige Balkenkonstruktion oder ein lichtdurchflutetes Flächentragwerk.

Die Entscheidung fällt schwer, in der Meinungsbildung gibt es ein Patt, am liebsten möchte man alle drei Hallen bauen.

Vatersohn Wilhelm überrascht mit einem neuen Entwurf für eine Akustikwand, die eine Werkstatt vor Lärm und Abgasen gegen eine sechsspurige Autostraße schützen soll. Neben den Zimmerern und Maurern sollen auch die Bauschlosser ihr handwerkliches Können zeigen. Die drei Toranlagen und der Zaun sollen handwerklich gefertigt werden und mit den Zunftzeichen der einzelnen Gewerbe beschmückt werden. Eine enorm positive Aktivität ergreift Schüler, Studenten, Meister und Lehrer, die Diskussionen machen nicht müde, sondern regen an. Abends um 19.30 Uhr versammeln sich die Elternvertreter. Wie immer, lassen es sich die beiden Lehrervertreter Angela, die Märkerin, und Reiner, der Metaller, nicht nehmen, für die Eltern Kaffee und Tee aufzubrühen und etwas Gebäck auf den Tisch zu stellen. Als erstes soll heute über das angesparte Geld der **Elternspende**, etwas über 10.000 Mark, entschieden werden. In der Vergangenheit haben die Eltern mit ihren Beiträgen hervorragende schulische Einrichtungen geschaffen: Die zentrale Schweiß-Lehrwerkstatt, das Baulabor und die Werkstatt für Kunststoffverarbeitung. Als Vorschlag steht diesmal zur Diskussion, eine Demonstrations- und Experimentierwand für die Rohrinstallateure zu bauen. Von Meistern und Lehrern ist eine Modellwand entworfen worden, bei der Kalkulation für das Material kommt man auf einen Betrag von ca. 15.000,- Mark. Das fehlende Geld steuert der ‚**Verein zur Förderung des Nachwuchses im Bau- und Holzgewerbe**' zum projektierten Lernmittel bei. Da das gesamte Vorhaben von Achim, dem Modellflieger, gut vorgestellt wird, findet der Antrag Zustimmung.

Ein leidiges Thema sind die ‚Giftgasfunde'. von 1935 bis l945 war auf der Zitadelle das ‚**Heeresgasschutzlaboratorium**' untergebracht. In den letzten drei Kriegsmonaten hat man Restbestände auf dem Gelände vergraben. 37 Jahre lang erfolgte die Beseitigung des Giftmülls durch britische Spezialeinheiten und durch die Feuerwehr recht problemlos und ohne großes Aufheben. Nun hat die Polizei eine eigene Kommandostelle.

Experten befürchten: Weitere Gifthalden auf der Zitadelle

Polizei sucht Ex-Mitarbeiter des „Heeresgasschutzlaboratoriums"

Die Berliner Polizei sucht ehemalige Mitarbeiter des „Heeresgasschutzlaboratoriums", das sich während des Zweiten Weltkrieges auf der Spandauer Zitadelle befand. Wie berichtet, war auf der Bastion Kronprinz der alten Festung nach wiederholten Funden von Gift- und Kampfstoffen im vergangenen Monat die wohl brisanteste Entdeckung gemacht worden, die es jemals in Berlin gab. Bei Erdarbeiten wurde eine Flasche mit tödlich wirkendem Nervenkampfstoff der Sorte „Tabun" oder „Sarin" gefunden. Von den Aussagen ehemaliger Mit~~~~~~~ ~~~~~ sich die Polizei Aufschlüsse darüber, welche Stoffe sich ~~~~ reich befinden.

Wie berichtet, war bereits 1978 in einem alten Brunnen auf der Bastion Kronprinz eine Giftdeponie gefunden und von britischen Militär-Spezialisten abgeräumt worden. Damals war auch der „Gelbkreuz"-Hautkampfstoff „Lost" entdeckt worden. In den letzten Jahren wurden dann wiederholt bei Erdarbeiten Funde gemacht, meist handelte es sich jedoch um harmlosere Chemikalien. Am 14. Oktober dieses Jahres kam es dann zu der brisanten Entdeckung die bei den zuständigen Behörden höchsten Alarm auslöste. Die Fundstelle auf der Bastion Kronprinz wurde mit Stacheldraht und Warnschildern abgesichert.

Nach Angaben des Sprechers der S~~~~~~~~~

In Expertenkreisen wird nach gegenwärtigem Ermittlungsstand nicht ausgeschlossen, daß auch in anderen Bereichen, aus Akten und den Aussagen betechnischen Untersuchungsstelle (PTU), Dr. Wolfgang Spyra. Es gehe darum festzustellen, was in den Laboratorien im einzelnen gemacht wurde und wo sich möglicherweise weitere Deponi-

BVV Spandau

Vor Beginn der eigentlichen Tagesordnung ergriff Bürgermeister Werner Salomon (SPD) zum Thema Zitadelle das Wort. Er plädierte dafür, bis zum Auszug der Otto-Bartning-Schule im Jahr 1987 sämtliche Erd- und Grabearbeiten auf der Zitadelle einzustellen, selbst auf die Gefahr hin, „daß wir in unseren Restaurierungsarbeiten zurückgeworfen werden". So könne der Schul- und Ausbildungsbetrieb nach menschlichem Ermessen ohne neue Risiken abgewickelt werden. „Und anschließend muß das gesamte Übel beseitigt werden", rief Salomon vor den Bezirksverordneten aus. Er habe an den Berliner Bürgermeister Heinrich Lummer (CDU) einen Brief geschrieben und ein Treffen mit den Senatoren für Bauwesen, Stadtentwicklung und Umweltschutz gebeten, um das weitere Vorgehen im Zusammenhang mit den Giftgasfunden zu erörtern.

Hochgiftiger Kampfstoff im Erdreich auf der Zitadelle entdeckt

Bisher brisantester Fund in Berlin

Auf der Bastion Kronprinz der Spandauer Zitadelle ist tödlicher Nervenkampfstoff gefunden worden. Das bestätigte gestern der Leiter der Polizeitechnischen Untersuchungsstelle (PTU), Dr. Wolfgang Spyra, dem VOLKSBLATT auf Anfrage. Nach seiner Ansicht dürfte es sich um den bisher brisantesten Giftstoff-Fund in Berlin handeln. Um Haaresbreite entging man bei der Entdeckung des Kampfstoffes einer Katastrophe, als die Flasche mit dem tödlichen Inhalt beschädigt wurde. Wie berichtet, wurden seit 1978 wiederholt giftige Rückstände aus dem einstigen „Heeresgasschutzlaboratorium" der deutschen Wehr~~~~~~ ~~~~

Auch heute schulfrei wegen der Giftgasfunde

Schulamt entwarf Notplan für die Räumung

Auch heute brauchen die Auszubildenden an der Otto-Bartning-Schule nicht auf der Zitadelle in ihrer „Penne" zu erscheinen. Das erklärte Volksbildungsstadtrat Sigurd Hauff (SPD) gestern dem VOLKSBLATT auf Anfrage. Bis in die späten Abendstunden hatte die Polizeitechnische Untersuchungsstelle für die Zitadelle noch keine „Entwarnung" gegeben, obwohl das verseuchte Erdreich gestern neutralisiert und abtransportiert worden war.

„Ich kann das Risiko nicht eingehen", sagte Stadtrat Hauff. So könne erst einmal die Entwicklung über das Wochenende hin verfolgt werden. Heute findet in der Bartning-Schule eine Dienstbesprechung statt, bei der Gelegenheit zur Beratung und Beantwortung der anstehenden Fragen gegeben werden soll.

Für den „Notstand", die Möglichkeit einer Schließung der Schule für das ~~~~~~~~~~~~~~~ ~~~~ ~~~~~~

ben wurde. Die Schule wurde daraufhin geräumt und die Hälfte der Zitadelle gesperrt. Beamte der Polizei überwachen mit Gasspürgeräten sämtliche Erdarbeiten auf der Zitadelle. Dort befand sich bis zum Kriegsende das Heeresgasschutzlaboratorium, in dem Nervenkampfstoffe hergestellt und erprobt worden sind.

Das Erdreich im italienischen Hof wurde von der Polizei mit Chlor~~~~~~

Adriaan von Müller zeigt den Teil eines Mahlsteines, den die Archäologen im Erdreich auf der Zitadelle entdeckten. (Foto: Berner)

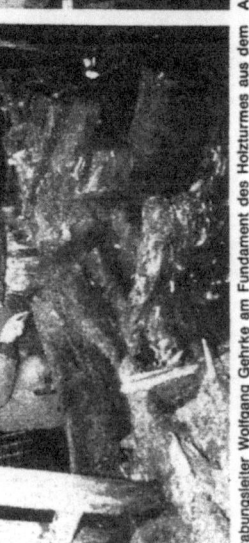

Grabungsleiter Wolfgang Gehrke am Fundament des Holzturmes aus dem zwölften Jahrhundert. (Foto: stark-otto)

Zweite Slawenburg entdeckt

Archäologen machten einen sensationellen Fund auf der Zitadelle

26. Gebremster Fall am schiefen Turm

Nie werde ich den 18. Juli 1980 vergessen. Es geschah um 11.03 Uhr
am schiefen Turm in Spandau. Durchwachsenes Wetter war angesagt mit son-
nigen Abschnitten, eine Empfehlung für eine Besichtigung. Meine Frau und ich
wählten die Spandauer Zitadelle. Unser Lieblingsenkel Udo wurde dort zum Betonbauer ausgebildet. Wenn wir vom Juliusturm direkt nach unten schauen - sagte er - können wir ihn unten bei der Arbeit sehen.
Wir 17 Besucher mittleren und älteren Jahrgangs haben Glück. Unser Führer er-
schlägt uns nicht mit Jahreszahlen, sein Vortrag ist gespickt mit netten Anekdo-
ten. Durch das Kommandantenhaus geht es aufwärts vorbei am Palas hoch zur
Westkurtine. Dort werden wir von dem Archivar in ein kleines Verließ gedrängt.
Knarrend schließt sich eine dicke Eichentür. Spärliches Tageslicht dringt durch
ein winziges, vergittertes Fenster. Alcatraz, denke ich so bei mir, hat dagegen Lu-
xuskabinen. Dicht an dicht gedrängt berichtet nun der Archivar mit brüchiger
Stimme:
„Vor 300 Jahren ließ sich der Alte Fritz wie üblich nachmittags eine Tasse heiße
Schokolade bringen. Doch an diesem Tage versagte er sich den Genuss. Er
gönnte ihn seinen beiden Lieblingshunden, den Windspielen. Kaum hatten sie
die Köstlichkeit weggeschleckert, fielen sie um und hauchten ihr Leben aus. Der
Kammerdiener wurde als Giftmischer zu lebenslanger Kerkerhaft verurteilt. 23
Jahre lang verbrachte er hier in dieser Zelle. Jedoch, die Mühlen der Gerechtigkeit ...“
Eine neben mir stehende Besucherin zupft an meinem Ärmel und wispert: Es
knistert. Und dann passiert es urplötzlich: Der Steinboden unter unseren Füßen
löst sich in Nichts auf. Er zerbirst in Sekundenschnelle und rauscht unter unseren Füßen weg in die Tiefe. Im gleichen Augenblick falle ich rücklings nach unten. Nach Stock- Finsternis bestrahlt mich gleißende Sonnenhelle. Meine Beine
werden nach oben gerissen, mein Kopf baumelt nach unten. Auf den Rücken lie-
gend sause ich endlos lange einen Berg hinunter und lande endlich in einer Sand-
grube. Nachdem sich eine Staubwolke verzogen hat, sehe ich blauen Himmel
und erkenne schemenhaft Udo, der sagt:
„Mensch Opa, da bist du ja!“
Ich wundere mich, dass er auf dem Kopf steht und stammele:
„... im Himmel, wir beide ... schön ...“
Udo scheint es besser zu wissen: „Opa wir sind nicht im Himmel, sondern auf
meiner Baustelle. Du hast einen Schock, du träumst, du hast ein Trauma.“
Kurzerhand fasst er meine Füße und dreht mich um, nun sitze ich aufrecht.
Links neben mir liegt eine Frau mit knallroten Schlüpfern. Die dreht Udo auch
um und fragt dabei: „Is Oma auch hier?“
Ich sage: „Oben war sie noch da!“
Udos Blick schweift von seiner Baugrube hoch nach oben:
„Mensch, da oben hängen vier Figuren an der Kurtinenwand wie die Fliegen!“
Er dreht sich um und rennt weg.

Rechterhand hat der Archivar es geschafft, sich zu drehen. Er scheint den Sturz bei seiner Besichtigungstour nicht eingeplant zu haben und schaut etwas verstört und hilflos drein. Ich frage ihn:

„Na, und wie geht's nun weiter mit der Gerechtigkeit?"

„Nach 23 Jahren gesteht ein anderer auf dem Totenbett, das Gift in die Schokolade gemischt zu haben. Darauf ließ man den Kammerdiener frei. Auf dem Weg über die Zugbrücke der Zitadelle fiel er tot um." Nach einer Weile stellt er fest: „Ich vermisse meinen Hut, meine Brille und mein Schlüsselbund."

Hut und Brille finden wir und meine Kamera. Keiner hat sich ernsthaft verletzt, einige haben Hautabschürfungen. Trotzdem lassen sich alle in ein nahe gelegenes Krankenhaus fahren. Meine Frau ist von Udo vor dem Absturz in die gähnende Tiefe gerettet worden. Sie lässt ihn nicht mehr los. Deshalb entscheidet er: „Wir gehen in unsere Kantine, die Wirtin ist Heilerin, die legt die Hand auf, dann seid ihr von euren Trauma befreit."

Nach Handauflegen, Kaffee und Kognak bin ich froh gestimmt. Der Archivar weigert sich, den „Freien Fall" ins Besucherprogamm aufzunehmen. Als Unfallursache stellt der Lehrling Udo fachmännisch fest: „Die Tränen des armen unschuldigen Dieners haben die Steine zerbröselt, weiß doch jeder, dass Tränen salzig sind, und Salz zerfrisst selbst die härtesten Steine."

Manchmal, denke ich, mahlen die Mühlen der Gerechtigkeit etwas langsam.

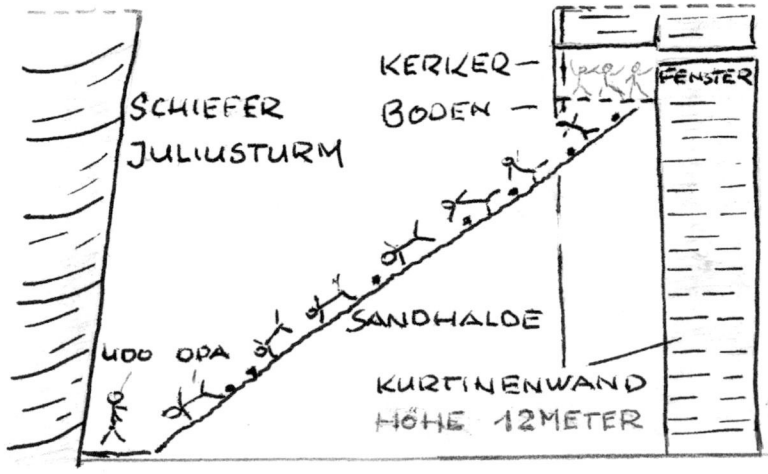

27. Der Turm wird schiefer

Im 13. Jahrhundert baute man das Fundament des Juliusturmes. Schwere Natursteine wurden in den Faulschlamm gekippt. Wenn sie sich nicht mehr setzten, war die Fundamentierung abgeschlossen. Beim Aufbau des Turmes gelangte man zu einer fatalen Erkenntnis: Im Westen – in Angrenzung an den Palas – stand der Turm auf festem Baugrund, in östlicher Richtung war der Baugrund nicht tragfähig. Der Turm wurde schief, neigte sich nach Westen. Man entschloss sich, den Turm durch eine Sandrampe abzustützen. Diese Maßnahme verhinderte ein weiteres Kippen.

Zum Bau des Foyers musste die Rampe abgetragen werden. Statiker sahen keine Gefahr für die Standsicherheit des Turmes. Im Gegenteil: Die 2000 Tonnen Sand entlasten den Faulschlamm, er dehnt sich aus und wird die Schiefstellung des Turmes verringern. Der Alte hatte seine Bedenken. Er entschloss sich, die Schiefstellung des Turmes zu kontrollieren.

Der Vermessungsingenieur Jürgen stellte auf dem Balkon seines Dienst-Zimmers einen Theodolith auf. Oben an der Zinne wurde ein Nagel angepeilt, unten am Turmfuß ein Messstab. Da alles stillstehend verharrte, wollte man die Messung abbrechen. Doch dann, nach 10 Tagen geschah es: Die Neigung nimmt zu, täglich um 15 Millimeter. Die zuständige Senatsbauverwaltung wird alarmiert. Eine Spezialfirma rückt unverzüglich an. dreizehn Betonpfähle werden bis in den tragfähigen Baugrund getrieben. Ein Ringbalken stützt den Turmfuß ab. Weitere Messungen ergeben, dass „der schiefe Turm zu Spandau" nun standfest ist, er ist 66,3 cm zur Havel hin geneigt.

13 Betonpfähle werden bald den alten Juliusturm stützen

Eichenholz im Werte von 180 000 Mark lagert zur Zeit auf der Zitadelle. Gleich nach den Schulferien werden sich die Schüler der Holzbauklasse in der Otto-Bartning-Oberschule mit dem Schrubbhobel darüberhermachen: im September soll der Palas endlich seine historische Holzbalkendecke zwischen Haupt- und Obergeschoß erhalten.

Vorher müssen allerdings die beiden Stützsäulen im Palas-Hauptsaal aus ummauertem Stahlbeton errichtet werden. Dann profiliert ein Holzbildner die beiden Unterzüge und die Konsolen für die Decke aus jetzt schon bereitliegenden Rohlingen.

Gleichzeitig soll mit den Arbeiten am Giebel des Palas begonnen werden. Landeskonservator Professor Helmut Engel hat endgültig auf die noch Ende Februar von ihm vorgeschlagenen Fenster-oder spätgotischen Fensterbänder für den Ostgiebel verzichtet. Da sie historisch nicht belegbar sind, wird der in seiner jetzigen Form vermutlich 1373 errichtete Palas nicht mit Vertikalrippen aus handgestrichenen Profilbacksteinen im sogenannten Klosterformat „verziert", sondern mit neuzeitlichen Ziegeln ergänzt. Für die museale Nutzung des Ober- und Galeriegeschosses werden nun nur schmale hohe Fensterbänder eingearbeitet, die dem ansonsten fensterlosen 60-Grad-Dachraum Licht geben sollen.

Wenn die Archäologen nicht noch weitere Funde im Bereich des Ostgiebels machen, will die Senatsbauverwaltung noch vor Beginn des Winters beide Giebelwände hochziehen. Dabei wird zwischen Obergeschoß und Galerie eine Stahlbetondecke gezogen, durch deren Aussparungen Einblicke in den hölzernen Dachstuhl möglich sein werden.

Aber auch außerhalb des Palas tut sich in den kommenden Monaten viel. Nachdem hinter dem Palas die Rampe zum Juliusturm abgetragen worden ist, wird jetzt der 30 Meter hohe Juliusturm „untergraben". Drei Viertel seines runden Feldsteinfundaments stehen auf einer Faulschlammschicht, auf der sich der Turm im Laufe der Jahrhunderte neigte.

Im vorigen Jahrhundert versuchte Schinkel die Neigung durch einen aufgesetzten Zinnenkranz wenigstens optisch zu mildern, nun sollen 13 Meter lange Betonpfähle, die bis auf tragfähigen Baugrund reichen, den alten Juliusturm auf Dauer stützen. Diese Nachgründungsarbeiten werden, sicher bis ins nächste Frühjahr dauern.

An der nahegelegenen Westkurtine, in der am 17. Juli der Boden einer Haftzelle absackte, sind dagegen neue Nachgründungen notwendig. Hier sind die alten Holzcaissons noch intakt. (Der Einsturz ereignete sich übrigens wenige Tage nach Untersuchung der Holzpfähle und hat vermutlich seine Ursache in der ~~Grabung unter der~~ Westkurtine.) BMP, Brigitte Becker

28. Höre die anderen an; auch sie haben etwas zu erzählen ...

Feiern und Besuche

Auch die Schule in der Spandauer Zitadelle mit ihren dicken Festungsmauern darf nicht zu einer pädagogischen Provinz werden, eine in sich abgeschlossene Insel, auf der wirklichkeitsfremde Pädagogen ihre Ideen umzusetzen versuchen. Da den Jugendlichen der direkte Zugang zur Arbeitswelt erschlossen werden soll, muss jede berufsbildende Schule um einen sehr engen – wenn auch nicht unreflektierten – Kontakt zur Wirtschaft bemüht sein. Der Gesetzgeber versucht, dem dadurch Genüge zu tun, dass er im Schulverfassungsgesetz jeder berufsbildenden Schule einen Fachbeirat zuordnet. Dessen Mitglieder, eine gleiche Zahl von Arbeitgeber- und Arbeitnehmervertretern, haben wie andere Gremien der Schule Einfluss auf das schulische Leben. Viele Kollegen sind Mitglieder von Prüfungsausschüssen und anderen Gremien der Industrie- und Handelskammer und der Handwerkskammer und bringen ihre Erfahrungen in die Schulkonferenzen ein. In den Unterricht eingeplante Betriebsbesichtigungen, Exkursionen und Lehrgänge machen dem Schüler täglich erfahrbar, dass die Pauker kein leeres Stroh dreschen. Wichtig ist, dass der Dienstleistungsbetrieb Schule seine Türen offenhält. Im Scheckheft gibt es einen „Tag der offenen Tür". Im Terminkalender der Schulsekretärin sind viele derartige Tage eingetragen. Eine große Besuchergruppe stellen die Schüler der Sekundarstufe I, die im Rahmen der Arbeitslehre Betriebserkundungen durchführen. Eine andere Gruppe sind Schulabgänger, die Schwierigkeiten haben, sich in das gesellschaftliche Leben einzuordnen, und bei denen man versucht, sie für eine Ausbildung zu gewinnen.

Da gibt es westdeutsche und ausländische Berufsschulklassen, die unsere Stadt besuchen und Kontakt mit Berufskollegen aufnehmen wollen. Steht bei den anderen Gruppen nur eine Schul-, Werkstatt- und Baustellenbesichtigung an, so ist im letzten Fall der personelle Aufwand größer: Ein Kontaktlehrer muss mit seiner Klasse zur Verfügung stehen. Ein von den Kollegen gern praktiziertes Verfahren ist folgendes: Die gastgebende Klasse richtet im Clubraum zur Begrüßung ein Frühstück aus. Man lernt sich kennen und geht danach gemeinsam durch den Schul- und Werkstattbereich, danach sind Besichtigungen eingeplant, z.B. der historische Teil der Zitadelle und der vor der Festung liegende, technisch sehr interessante U-Bahn-Bau. Da sich viele noch für den Abend verabreden, ist das alles ein sehr zeitaufwändiges Unternehmen. Zahlreich sind auch Besichtigungen, die vom Bund, Senat und anderen Verbänden (Unternehmerverbände, Gewerkschaften, Kirchen, Bundesinstitut für Berufsbildung usw.) angemeldet werden. Aus fast allen westeuropäischen und einigen osteuropäischen Staaten kommen Besuchergruppen. Das sind Regierungsdelegationen, Ausbildende der Industrie oder des Handwerks, Gewerkschafter, Berufsschullehrer oder Studierende. Aber auch aus den USA, Kanada, Island, Afrika, Kuba, dem Nahen Osten und dem fernen China haben wir Delegationen begrüßt. Die chinesische Delegation wurde im Kommandantenhaus begrüßt, wo es mehrere von Lehrlingen erstellte handwerkliche Meisterwerke zu besichtigen gibt. Großes Interesse fand z.B. das Modell des berühmten Versuches von Krieger-Menzel von vor genau 100 Jahren: Berechnung der Gravitationskonstante in den Katakomben der Zitadelle. Dann wird den Gästen das pädagogische Konzept der Schule nahegebracht: Im maschinell sehr gut ausgerüsteten Baulabor werden einige Versuche gefahren. Hierdurch soll verdeutlich werden, dass praktisches Tun (Arbeiten in den Werkstätten) und theoretische Analyse (fachtheoretischer Unterricht) eng miteinander verbunden sind. Nach dem ersten Ausbildungsjahr werden meistens Projekte bearbeitet: Die Jugendlichen bauen das Zitadellen-**Heizwerk**, gleichzeitig behandelt der Lehrer im Unterricht die anfallenden fachkundlichen Probleme. Die Chinesen waren auf der Baustelle und haben sich danach das Schalungs- und Bewehrungsmodell im Unterricht angesehen, das Schüler und Lehrer gemeinsam erstellt hatten.

Grundsätzlich macht es Spaß, anderen bei der Arbeit zuzusehen. Die Damen und Herren aus Afrika konnten sich kaum von der Tischlerei trennen, wo Mädchen die Inneneinrichtung für eine Kindertagesstätte herstellten. Die Mitglieder der türkischen Regierungsdelegation erkannten sofort ihre türkischen Landsleute und unterhielten sich lange mit ihnen.

Ein amerikanischer Regierungsbeamter vermauerte als gelernter Maurer gekonnt einige Verblender an der Kurtinenwand, die Franzosen beeindruckten die technisch und pädagogisch durchdachten Anlagen unserer Gaslabors. Die Ägypter und Israelis konnten sich nicht mit der handwerklichen Komponente unserer Ausbildung abfinden und vermissten die industrielle Produktion. Die Japaner diskutierten weniger, hielten aber alles in Bild und Ton fest. Die Chinesen interessierten sich nicht nur für die Arbeit in den Werkstätten und auf der Baustelle, sondern suchten Informationen im mathematischen und naturwissenschaftlichen Fachunterricht. Sprachprobleme in der vermessungstechnischen Abteilung, die die beiden Dolmetscher nicht in der Lage waren zu klären, wurden von einem hübschen Mädchen aus Hongkong gelöst, die als Vermessungstechnikerin ausgebildet wurde. Zweifellos war die chinesische Delegation am besten auf diese Reise vorbereitet. Besonders der Vorsitzende kannte die bildungspolitischen Probleme unseres Landes, er verfügte über ein detailliertes Wissen über das bundesdeutsche Bildungswesen und stellte deshalb gezielte Fragen. Das Delegationsmitglied des kleinsten Kantons mit über 60 Millionen Einwohnern hielt sich in seinem Informationsdrang etwas zurück. Bei einem kleinen Festessen im Hotel Gehrhus stellte der Delegationsleiter das Gastgeschenk der Schule, einen hölzernen gedrechselten hohlen Juliusturm mit Inhalt, mitten auf die Festtafel. Er zeigte sich von dem, was er gesehen hatte, beeindruckt und sein Dolmetscher übersetzte:

"The Zitadelle is not a school but a kingdom!"

Vor einiger Zeit strahlte der NDR von 20.15 bis 21.00 Uhr eine Sendereihe aus, in der Schulversuche und Schulen dargestellt wurden. Als einzige Schule bekam die Otto-Bartning-Schule eine Sendezeit von 30 Minuten. Der aus sechs Zeitstunden zusammengeschnittene Beitrag fand die Zustimmung des Kollegiums, weil er im Mittelpunkt die Auszubildenden darstellte. Mädchen und Jungen wurden in ihrer Freizeit und bei der Arbeit gezeigt, sie äußerten sich freimütig ohne Scheu über ihr Leben, die Arbeit, die Schule.

Die Zitadelle – ein zukunftweisender Stern für eine offene Gesellschaft?
Die Selbstdarstellung der Schule erfolgt in der täglichen Arbeit mit den Schülern. Was seit 1949 erfolgreich erarbeitet wurde, muss man auch feiern können. Für einen staatlichen Betrieb haben Feiern neben der Kommunikation zwischen den Beschäftigten außerdem etwas Vorteilhaftes: Dadurch, dass sich die Schule nach außen darstellen will, ist sie gezwungen, über sich selbst und über ihre Arbeit gründlich nachzudenken. So werden die Werkstätten auf Hochglanz gebracht, Mitarbeiter und. Schüler renovieren Werstatt- und Unterrichtsräume außerhalb ihrer Dienstzeit, das Ausbildungsprogramm wird durch Schautafeln, Grafiken, Bilder und Werkstücke der Auszubildenden verdeutlicht; im Unterricht werden experimentelle Versuchsreihen zur Schau gestellt. Besucher und Schüler können sich an einem berufsorientierten handwerklichen Zitadellenspiel beteiligen. In langer Vorarbeit werden von den Werkstätten begehrenswerte Preise angefertigt. Am Vortage des großen Tages findet in Spandau ein Festival bekannter europäischer Majoretten-Orchester statt. Gleichzeitig stellen die beteiligten Länder Ess- und Getränkespezialitäten aus. Dadurch, dass die Schule Stände und eine große Festhalle aufbaut, profitieren die Schüler, die am Festtag unentgeltlich beköstigt werden. Allerdings musste Vor- und Nacharbeit geleistet werden. Das gesamte Schulmobiliar kam in den Keller. Für die jungen Musikanten wurden Schlafmöglichkeiten in den Klassenräumen aufgebaut. Nur einer Berufsschule kann man ein derartiges Engagement aufbürden.
Samstagvormittag kommen mehr Jugendliche und Kinder, die auch auf einem großen Luftkissen ihre Freude haben. Am Nachmittag wird es auch durch den Zustrom von Erwachsenen voller. Unter der Festhalle sind 10 JacoIo-SpieIe aufgebaut. Ein Bus mit Holländern trifft ein, die an dem alten holländischen Spiel große Freude haben. Um 6 Uhr abends werden die Handwerkerstände im Innenhof der Zitadelle abgebaut und die Werkstätten geschlossen. Nachdem die Preise verteilt waren – den Hauptpreis gewann ein Schüler, der sich vor Freude kaum einkriegte – diskutierten und blödelten, tanzten und jubelten Schüler und Angestellte, Meister, Lehrer und viele Ehemalige bis in die frühen Morgenstunden des nächsten Tages.
In den 1950er Jahren haben auch Professoren und Studenten miteinander gefeiert. Der Alte wird die Feste aus seiner Studienzeit mit Paul Heimann, Willhelm Richter und Adolf Schwarzlose nicht vergessen. Die 68er-Studentengeneration wollte Verkrustungen aufbrechen, das kapitalistische Gesellschaftssystem abschaffen oder von Grund auf verändern. Bürgerliche Professoren mit ihrer „Scheinbildung" waren nicht mehr gefragt. Die Grundwissenschaften der Lehrerbildung: Philosophie, Soziologie, Psychologie und Pädagogik wurden gestrichen. Nur wenige Professoren besaßen gediegene Kenntnisse marxistisch-leninistischer Ideologien und den Mut, sich endlosen Diskussionen zu stellen, die zu nichts führten. Die meisten resignierten.

In Erholungsphasen muss man sich fit halten für die aufreibende Arbeit in der Berufsbildenden Schule. Lehrer, die in der Freizeit nur im lauwarmen Wasser schwimmen, werden geschockt unter den kalten Duschen und sind nicht trainiert für die gefährlichen Strudel des beruflichen Alltags. Es ist Aufgabe des Schulmanagements, der Idee der Gemeinschaft von Lehrenden und Lernenden ständig neue Impulse zu geben.

Aufgrund eines Beschlusses der Gesamtkonferenz wurden die beim Schulfest eingenommenen Gelder einem SOS-Kinderdorf in Chile überwiesen. Für einen Zeitraum von vielen Jahren wurden vier Patenschaften übernommen. Zwischen den Auszubildenden besteht Briefkontakt. In der GSV wurde über den Jahresbericht aus Santiago diskutiert, der von Nachtwanderungen in den chilenischen Bergen erzählt, die zur Persönlichkeitsbildung führen sollten.

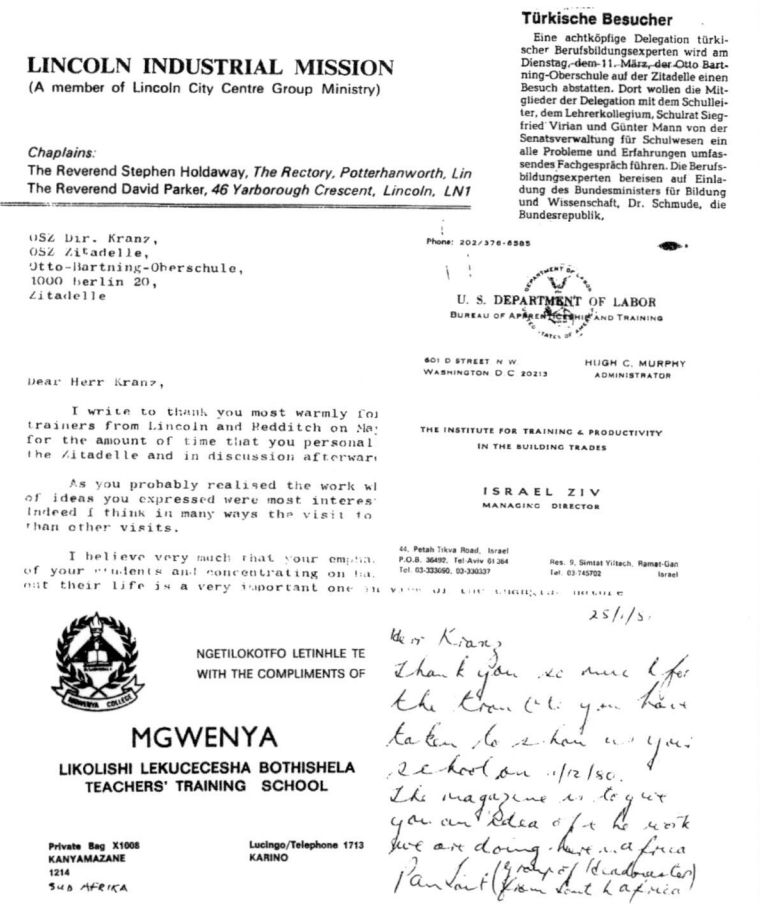

Türkische Besucher

Eine achtköpfige Delegation türkischer Berufsbildungsexperten wird am Dienstag, dem 11. März, der Otto-Bartning-Oberschule auf der Zitadelle einen Besuch abstatten. Dort wollen die Mitglieder der Delegation mit dem Schulleiter, dem Lehrerkollegium, Schulrat Siegfried Virian und Günter Mann von der Senatsverwaltung für Schulwesen ein alle Probleme und Erfahrungen umfassendes Fachgespräch führen. Die Berufsbildungsexperten bereisen auf Einladung des Bundesministers für Bildung und Wissenschaft, Dr. Schmude, die Bundesrepublik.

107

Besucher der Schule

Am 17. Juni 1960 besuchte unser damaliger Bundespräsident Theodor Heuss nicht den historischen Teil der Zitadelle, sondern die Produktions- und Lehrwerkstätten unserer Schule. Er schrieb rückblickend: „Der improvisierte Besuch in Spandau verlief angenehm. Es ergab sich eine gute und anregende Unterweisung." Es sollen hier nur einige Namen von Gästen genannt werden, die unsere Schule besucht haben und mit denen anregende Gespräche geführt worden sind:

Deutscher Richterbund, Berlin; Lehrer, Ausbilder und Professoren aus Salzgitter, Europäische Akademie, Ausbilderseminare der IHK, TU Berlin, Lehrstuhl für Pädagogik, IG-Metall Berlin mit auswärtigen Gästen, College School/Education Center, Williamsburg; Industriefunktionäre aus Japan, Gewerkschaftler; Stifterverband der Deutschen Wirtschaft, Gewerkschaftsfunktionäre aus Israel, Rumänische Gewerkschaftsfunktionäre, Industrial Training Board, Island; Schul- und Kulturreferat/Nürnberg, Arbeitsämter mit Berufsberatern; Ausbilder und Industriemeister aus Japan, Amerikanische High-School Pupils; Japanische Berufsschullehrer; Studenten und Professoren der Uni Bremen, Ruhr-Universität Bochum; Delegation des Israelischen Jugendrates (CYMI), Leiter der Deutschlandabteilung im japanischen Nationalinstitut für Bildungsforschung, Deutsch-Britischer Jugendaustausch e. V., Arbeitsgruppe ägyptischer Ingenieure und Architekten, Mitarbeiter des Bundesinstituts für Berufsbildung; Mitarbeiter des Instituts für Film und Bild in Wissenschaft und Unterricht, u. a. m.

Chinesen auf der Zitadelle

Weit über Spandau hinaus tönt der gute Ruf der Otto-Bartning-Bauschule. Gestern besuchte sie Li Ling Tien (vorn Mitte), Abteilungsleiter im chinesischen Erziehungsministerium.　　Foto: v. d. Becke

Tagesspiegel

108

29. Allahs Gebot ist die wahre Richtschnur

Eine Dienstreise im Auftrage des Bundesministeriums für Wirtschaftliche Zusammenarbeit führte den Schulleiter in die Jemenitische Arabische Republik. Die aus drei Experten bestehende Gutachtergruppe hatte den Auftrag, das „Vocational Trainig Centre" (VTC) zu evaluieren. Der bisherige dreijährige Projektverlauf sollte kritisch bewertet werden, und es sollten Vorschläge für die Fortsetzung einer weiteren Zusammenarbeit erarbeitet werden. Darüber hinaus waren Untersuchungsfelder die allgemeine Situation des Bildungssystems, die Arbeits- und Beschäftigungssituation und der Kontakt zu anderen Projektträgern. Es ist nicht möglich, das mehrere 100 Seiten umfassende Gutachten in Auszügen darzustellen. Vielmehr soll rückblickend versucht werden, persönliche Eindrücke dieses Entwicklungsprojekts fest zu halten.

+ Für die von Deutschland praktizierte Entwicklungshilfe gibt es zur Zeit keine Alternative: **Hilfe zur Selbsthilfe**. Technische und pädagogische Hilfe wird von Deutschland erbracht, die Weltbank finanziert und kontrolliert das Projekt.

+ Die gesellschaftlichen Strukturen eines Landes sind zu analysieren: Das einstige stolze und faszinierende „**Reich der Königin von Saba**" befindet sich nach Ansicht der jemenitischen Bevölkerung in einem ständigen Niedergang. Man sieht sich als Verlierer.

+ Schuld an dieser permanenten Verschlechterung sind – nach Meinung des Entwicklungslandes – die Globalisierung, die saudischen Öldollars und personell die nichtgläubigen und andersgläubigen Ausländer.

+ Radikale islamische Gruppen gewinnen ständig an Einfluss. Selbst Koranschulen rechtfertigen das Verschleppen und die Ermordung von deutschen Krankenschwestern, die im Rahmen der Entwicklungshilfe in Sana'a tätig waren.

+ Jedes Land braucht gut ausgebildete Facharbeiter und Techniker. Dennoch bleibt ein von Deutschland konzipiertes Berufsschulzentrum ein Fremdkörper, der notfalls geduldet, aber nicht in erforderlichem Maße gestützt wird. Deshalb kann er seine gesellschaftspolitisch erwünschte leistungsfähige Funktion nicht erfüllen.

+ Ist deutsche Entwicklungshilfe unter diesen Bedingungen sinnvoll?

30. Hochschultage Berufliche Bildung 1984

FACHTAGUNGEN

BAUTECHNIK

HOLZTECHNIK

HAUSTECHNIK

VERMESSUNGSTECHNIK

WORKSHOP

STUFENAUSBILDUNG BAU

3.–6. Oktober

Hochschultage Berufliche Bildung '84
Technische Universität Berlin

DER VERDIENT DIE JUGEND
DER EINEN PLAN HAT
FÜR EIN SINNVOLLES LEBEN.

MANFRED KRANZ
Protokollnotizen aus dem Arbeitsalltag
einer berufsbildenden Schule

Grundlagen für Bauberufe

DAS Betonbauer-BUCH

Technologie für Beton- und Stahlbetonbauer

Manfred Kranz, Cletus Loga, Alfred Grascht, Frank Heinecke

Technologie für Maurer

EIN AUTORENTEAM ERSTELLTE 4 FACHBÜCHER

In zahlreichen Veröffentlichungen werden Gedanken
zur Gestaltung des berufsbildenden Schulwesens
vorgetragen, hier ein Beispiel (Auszug)

1 Y 2160 E

Die Deutsche
Berufs- und Fachschule

Monatsschrift für Berufspädagogik,
Wirtschaftspädagogik und Berufsbildungsforschung

MANFRED KRANZ

Ausbildungsmodell für eine integrierte Oberstufe
im Fachbereich Technik

Die thematische Struktur der Ausbildung wird von folgenden Ausbildungs-
feldern bestimmt:

1. *Fachpraktisches Ausbildungsfeld*
   Die Ausbildung erfolgt in sachlich und zeitlich geordneten, aufeinander aufbauenden
   Stufen (BerBildG, § 26).

2. *Bautechnisches Ausbildungsfeld*
   Unterrichtsfächer: Technologie,
   Konstruktionstechnik und Fertigungsverfahren,
   Fachmathematik,
   Technische Mechanik,
   Bauchemie,
   Technisches Zeichnen,
   Darstellende Geometrie.

3. *Mathematisches und naturwissenschaftl. Ausbildungsfeld*
   Unterrichtsfächer: Mathematik,
   Physik,
   Chemie.

4. *Gesellschaftlich-geschichtliches Ausbildungsfeld*
   Unterrichtsfächer: Politik,
   Arbeits- und Betriebswissenschaften.

5. *Sprachlich-literarisches Ausbildungsfeld*
   Unterrichtsfächer: Deutsch,
   Englisch.

6. *Musisches Ausbildungsfeld*
   Unterrichtsfächer: Experimentelles Gestalten,
   Freihandzeichnen,
   Kunstgeschichte,
   Leibeserziehung.

Die für jedes Sachgebiet und für jedes Fach erarbeiteten Rahmenpläne und die
darauf aufbauenden Stoffverteilungspläne machen deutlich, daß die Ausbildungs-
felder aufeinander abgestimmt sind.

113

Verrückte unter sich

Professor Wiemann (Hannover) und Professor Greinert (Berlin) hatten zu einer Internationalen Tagung nach Sonnenberg (Harz) eingeladen. Schulleiter aus Europa und Südamerika stellten die von ihnen geleiteten „Produktionsschulen" vor. Hierbei wurden unter anderem folgende Problemkreise besprochen:

- Ist es möglich, Ausbildung (etwas Nützliches können) und Bildung (sein und etwas zu werden) sinnvoll aufeinander abzustimmen?
- Was wird mit technischen Mitteln produziert?
- Werden bei der Produktion moderne Maschinen eingesetzt?
- Welche Rolle spielen Leistung und Terminhaltung?
- Werden durch die Produktion Gewinne erzielt?
- In welchem Verhältnis steht die Gewinnmaximierung zur Verlustminimierung?
- Ist die Herstellung der Produkte pädagogisch sinnvoll?
- Ist die Produktion mit einer anerkannten Ausbildungsordnung abgestimmt?
- Sind die Arbeiten gegenwartsbezogen und zukunftsweisend?
- Wie ist es möglich, zu einem kontinuierlichen ausbildungsrelevanten Produktionsangebot zu kommen?
- Gibt es verlässliche, einflussreiche Partner, die den Gedanken der Produktionsschule tragen?

Der Fragenkatalog war wesentlich umfangreicher. Natürlich war man weit davon entfernt, die einzelnen Institutionen gegeneinander zu bewerten. Eine schulische Produktion offenbarte sich den Teilnehmern als ein schwer durchschaubares Gestrüpp gordischer Knoten: Sysiphos schleppt lieber seinen Felsbrocken auf den Berg, als diese vielen Verknotungen zu lösen. Zum einen liegen die Probleme im zwischenmenschlichen Bereich, zum anderen gibt es unüberwindlich scheinende Divergenzen von staatlichen Schulordnungen und flexiblen Vorstellungen der Wirtschaftsverbände.

Am Ende der Tagung stellte ein dänischer Kollege fest:

„Wir sind alles Verrückte, aber die Verrücktesten von uns allen sind die Spandauer mit der Bartning-Schule!"

31. Bau des Foyers

Stahlbetonarbeiten beim Bau des Foyers

Innenansicht Foyer mit Treppe zum Palas

Eingangssituation zum Foyer

32. Vorbildliche Zweckbauten

Um 450 Auszubildende fachpraktisch auszubilden, muss die Schule durchschnittlich 30 größere oder kleinere Baustellen unterhalten. Im Stadtbezirk Tiergarten hat sie in den letzten beiden Jahrzehnten drei große Kitas gebaut. Nicht die übliche Standardbauweise mit großflächigen, industriell gefertigten Bauelementen, sondern architektonisch einmalige Objekte, bei denen das handwerkliche Element vorherrscht. Die an Fertigteil-Objekten ermittelten Kostenvoranschläge mussten eingehalten werden. Auch die zuletzt gebaute Kita in der Lützowstraße stellt nach der Schriftenreihe **„Aedus guide No. 2"** etwas Besonderes dar:

Kita Lützowstraße. Eingangsbereich

„Die Architekten haben mit besonderer Liebe zum Detail und einem sicheren Gefühl für Materialien ihre Vorstellungen umgesetzt, der Phantasie und der Abenteuerlust wird freier Lauf gelassen. Da gibt es Spielterrassen und den großen zentralen Aufenthaltsraum, der Assoziationen zu einer Eistüte ebenso zulässt wie zu einem Schiffsrumpf. Ein Raumerlebnis, das nichts kleinmaßstäbliches an sich hat. Alles wirkt spielerisch zusammen: Licht und Schatten, Weiten und Nischen, Holz und Glas. Und was dabei rauskommt? Dynamik, Wohlgefühl, Spiellust."

Am Tage der Grundsteinlegung gab es eine Informationsveranstaltung. Der Bauherr informierte über die Infrastruktur des Stadtteils, die Bauleitung über Konstruktion, Durchführung und Erschließungsmethoden des Bauvorhabens, die Architekten erläuterten ihr architektonisches Konzept und die davon abgeleitete Bauform, die Solararchitektur und die Geometrie des Tonnengewölbes.

Kita Lützowstraße. Innenraum

Berliner Morgenpost

Junge Leute bauen ein Haus für Kinder „wie aus dem Bilderbuch"

Kita Spenerstraße

Kita Lützowstraße. Abwasser

Kita Lützowstraße. Leitungen Frisch- und Abwasser

Sporthalle Oderstraße. Verteileranlage für Kalt-, Misch-,
Zirkulations- und Warmwasser

Feuerwache Lichtenrade.

Elektroinstallation: Haupt- und Unterverteilung

50 Lehrlinge machen ihren Meister – sie bauen Neuköllns modernste Kita

Leo. Berlin, 27. 9. Neuköllns modernste Kindertagesstätte an der Hannemannstraße wird von 50 Jugendlichen hochgezogen. Es sind Auszubildende der Otto-Bartning-Oberschule (Spandau), und der Ruf dieser Lehrstätte garantiert dafür, daß der Neubau für 176 Kinder ein Meisterwerk wird.

Neuköllns Bau-

Mit ein paar Hammerschlägen von Baustadtrat Hanns-Peter Hertz wurde gestern an der Hannemannstraße der Grundstein für Neuköllns modernste Kindertagesstätte gelegt.

stadtrat Hanns-Peter Hertz sagte gestern bei der Grundsteinlegung: „Wir ließen bewußt den Nachwuchs ran. Die Jungen machen das sehr gut. Zwei Jahre lang ist für die Jugendlichen an dieser Baustelle eine praxisbezogene Ausbildung sicher." Oberaufsicht haben die Lehrer – sie sind gleichzeitig Maurermeister.

Stadtrat Hertz: „Die Kita ist der Ersatzbau für die Tagesstätte Wederstraße. Dort führt in absehbarer Zeit die Autobahnverlängerung zum Industriegebiet entlang. Die Kita muß abgerissen werden. Die Kinder machen einen guten Tausch. Der eigene Spielplatz ist vom Kleingarten umrahmt – wir hoffen auf gute Nachbarschaft im Grünen."

Dachstuhl der Kleinen Orangerie. Schloss Charlottenburg

Landeskonservator läßt alte Holzveranda nachbauen

Die Schüler der Otto-Bartning-Schule könnten sich wahrlich eine goldene Nase verdienen. Dies trifft besonders für die Zimmererklasse zu. Kürzlich erhielt die Schule wieder ein lukratives Angebot: Satte 6000 Mark bot ein Privatmann für die Fertigung einer Wendeltreppe. Schulleiter Manfred Kranz mußte passen: „Wir dürfen keine Privataufträge annehmen."

Lediglich der Landeskonservator kann die Jungen und Mädchen für sich arbeiten lassen. Jedoch keinesfalls privat, sondern stets im Auftrag des Landes und für die Erhaltung historischer Gebäude. So freute sich Zimmerermeister und Werkstattleiter Rolf Wessler riesig über den Auftrag des obersten Berliner Konservators, eine alte Holzveranda für eine erhaltenswerte Villa an der Bahnhofstraße 37a in Lichterfelde Ost nachzubauen.

Drei Wochen lang hämmerten und drechselten, stemmten und hobelten zwölf Schüler des zwei-ten Lehrjahres. Rolf Wessler: „Das ist alles reine Handarbeit, lediglich die Bögen wurden geschnitten und die Leisten gesägt."

Inzwischen ziert die Veranda das alte Haus aus der Zeit der Jahrhundertwende, das heute im Besitz der Stadt ist.

Erst kürzlich zimmerten die Schüler drei Fachwerkscheunen in Lübars, die zwar in Privatbesitz sind, jedoch vom Landeskonservator als erhaltenswert eingestuft wurden. Die Bauern rechnen mit dem Konservator ab ...

Im Charlottenburger Schloß machten die Schüler der Zimmererklasse kürzlich fast eine Meisterprüfung. Unter ihren inzwischen gut geschulten Händen und dank der Mithilfe erfahrener Zimmerermeister der Otto-Bartning-Schule entstanden in der Orangerie drei Eichentreppen, und im Haupthaus zeugt eine Riesentreppe über vier Etagen und mit vier Drehungen vom Können des Zimmerer-Nachwuchses.

Peter Büttel

Drechselten, hobelten und stemmten drei Wochen für den Landeskonservator: die Schüler der Bartning-Schule.   Foto: Büttel

124

33. Eine Brücke nach Chile

VOLKSBLATT BERLIN — SEITE 15   MITTWOCH, 31. DEZEMBER 1986

Diese jungen Chilenen werden von den Schülern unterstützt.   (Foto: Vbl)

Eine Brücke nach Chile
Schüler verkauften Steine für SOS-Kinderdorf

Nur vier Meter ist sie lang, die Brücke, die die Schüler des neuen Oberstufenzentrums Bau/Holz errichteten, und dennoch reicht sie bis nach Chile. Der symbolische Brückenschlag ist für ein SOS-Kinderdorf in Santiago gedacht, wo die ehemalige Otto-Bartning-Oberschule Patenschaften unterhält. Die 360 Steine zu der Brückenkonstruktion wurden von den Schülern und Lehrern gekauft. So kamen insgesamt 1310 Mark für das Projekt in Santiago zusammen.

Die vier Meter lange Steinbrücke ist eine Konstruktion ohne Mörtel oder ähnliche Bindemittel. Die Steine halten allein wegen der Schwerkraft und der Widerlager an den Seiten, ähnlich einer alten römischen Bogenkonstruktion. Erstaunt waren dann auch die Schüler, nachdem der Schlußstein montiert und die Hilfskonstruktion entfernt worden war: Das Bauwerk stürzte nicht ein. Es trug sogar die Schüler, die sich auf den Bogen stellten.

Die Preise für die Steine reichten von zwei bis 20 Mark. Die Tischlergruppe des Oberstufenzentrums ersteigerte den Schlußstein sogar für 300 Mark. Das war der Erlös aus einem Verkauf von Weihnachtsmännern, die die Schüler gebastelt hatten.

Einfacher leben, damit andere einfach leben können, stand dann auch auf der Brücke.

Seit 1979 hat die ehemalige Otto-Bartning-Schule Patenschaften in dem Kinderdorf bei Santiago. Damals war der Anlaß das Jahr des Kindes. Vier Patenschaften wurden für zwei Jahre übernommen. Vor einem Jahr begann man dann mit dem Verkauf von Ziegelsteinen während einer Weihnachtsfeier. Am 1. Mai wurde in Zusammenarbeit mit der Gewerkschaft Bau-Steine-Erden gesammelt. Insgesamt kamen bisher knapp 10 000 Mark zusammen, die Jugendlichen in SOS-Kinderdorf eine Ausbildung ermöglichten.   R. S.

Berliner Morgenpost

SEITE 4 – SONNABEND, 20. DEZEMBER 1

Baufachschüler spendeten schon 10 000 Mark

SPANDAU

Einen Bogen der Freundschaft errichteten gestern die Schüler des Oberstufenzentrums Bau/Holz in ihrer Mensa an der Nonnendammallee in Spandau. Aus 360 Ziegelsteinen, die zuvor verkauft oder versteigert wurden, errichteten sie ohne Mörtel einen Rundbogen von fünf Metern Spannweite, der die seit 1979 bestehende Verbindung der ehemaligen Bartning-Oberschule zu dem SOS-Kinderdorf in Santiago de Chile symbolisieren soll.

Innerhalb einer halben Stunde spendeten die Schüler 1310 Mark, für die sie im kommenden Jahr drei Patenschaften für heranwachsende Chilenen übernehmen werden. Insgesamt haben Baufachschüler damit mehr als 10 000 Mark für das SOS-Kinderdorf aufgebracht. **bae**

34. Bootsbau

VOLKSBLATT BERLIN SEITE 24 — DONNERSTAG, 5. MAI 1983

Ulf Lorenz (l.) und Christian Menzel nach der Jungfernfahrt. (Foto: Berner)

Mit dem Betonkanu zum Rennen nach Holland

Schüler hatten beim zweiten Anlauf Erfolg

„Ich taufe dich auf den Namen Greenpeace." Bei diesen Worten zerschlug Thomas Bogacz eine Sektflasche so schwungvoll am Bug des neuen Betonkanus der Otto-Bartning-Oberschule, daß ein Stück des Bootes absplitterte. Doch bei der anschließenden Jungfernfahrt im Zitadellengraben bewies das Kanu seine Schwimmfähigkeit, und die Schüler der berufsbildenden Oberschule, daß sie mit dem Boot umzugehen verstehen und sich bestens auf das Betonkanurennen in den Niederlanden vorbereitet haben.

Bereits im vergangenen Jahr unternahm die Betonbauerklasse, wie berichtet, den Versuch, ein Betonkanu zu bauen. Damals verwendete man jedoch nicht die richtige Mischung und zu kurze Kunststoffasern. Die erforderliche Stabilität war nicht vorhanden. Beim Trocknen hatte man nicht die richtige Temperatur. Resultat: das Boot brach auseinander.

Jetzt hatte man das Betonlabor der auf der Zitadelle beheimateten Schule eingeschaltet. Dort wurde das richtige Rezept ausgeknobelt. Man nehme: Zement Z 54, Quarz und Glasfasern. Dazu Wasser und dann das Gemisch bei der richtigen Temperatur aushärten lassen.

Vorher hatten die Schüler einen Gipsabdruck von einem Holzkanu angefertigt. Der wurde mit dem Glasfaserbeton ausgegossen. Drei Wochen, statt der nur notwendigen zehn Tage, wurde gewartet, bis das Boot erstmals bewegt wurde.

Alljährlich findet im niederländischen Arnheim ein Betonbootrennen mit Teilnehmern aus verschiedenen europäischen Staaten statt. Hauptsächlich Bauingenieur-Studenten nehmen an der Veranstaltung mit den selbstgebauten Booten teil. Am kommenden Sonnabend gehen die Spandauer als einzige Oberschulmannschaft mit der Startnummer 41, als Letztgemeldete, ins Rennen.

„Wir gewinnen, keine Frage." Mario Jahn aus der Klasse B3, die das Boot gebaut hat, ist optimistisch. Die zwölf angehenden Betonbauer haben sich auch sportlich auf den Wettkampf vorbereitet. Seit sieben Wochen wurde in einem Sportverein das Kanustechen, Gleichgewicht halten und Manövrieren trainiert.

Am Freitagmorgen startet die Mannschaft. „Hoffentlich übersteht das Boot die Erschütterungen beim Transport", sagte Sportlehrer Hans Harnos bei der Bootstaufe. Anschließend nahmen die Schüler das etwa 80 Kilogramm schwere Kanu auf die Schultern und trugen es zum Zitadellengraben, wo es zu Wasser gelassen wurde.

Ulf Lorenz und Christian Menzel hatten sich mit Thermoanzügen für die Jungfernfahrt eingekleidet. Das Kanu schwankte bedenklich, von der Wasserlinie waren es nur einige Zentimeter bis zum Bootsrand. Aber die Kanuten blieben trocken. Unter dem Beifall ihrer Mitschüler fuhren die beiden eine Runde auf dem Zitadellengraben. Nach der Rundfahrt war das Boot einige Kilogramm schwerer. Der Beton hatte Wasser aufgesogen.   mab

DER TAGESSPIEGEL Donnerstag, 29. Juni 1989

Solar-Bootstaufe in Tegel

„Wir müssen unsere Umwelt in den Griff bekommen." Diesen Ausspruch Carl Friedrich von Weizsäckers zitierte gestern der Leiter des Oberstufenzentrums Bau- und Holztechnik, Kranz, bei der Taufe des Solarbootes „Sonni". 15 angehende Elektriker und 17 zukünftige Zimmerer hatten zuvor seit den Osterferien in insgesamt 300 Arbeitsstunden das vier Meter lange, 1,65 Meter breite und rund 400 Kilogramm schwere Gefährt gebaut. Allein der Solarantrieb des Mahagoni-Bootes wiegt 200 Kilogramm. Er wurde der Schule von der Bewag leihweise überlassen.

35. Grünes Licht für den Bau des OSZ

SEITE 24 — SPANDAUER VOLKSBLATT — BERLIN   MITTWOCH, 19. NOVEMBER 1980

Symbolische Grundsteinlegung an der Nonnendammallee

Schüler, Lehrer und Gewerkschafter demonstrierten für Schulneubau

Etwa 550 Schüler und Lehrer der Otto-Bartning-Oberschule, der Poelzig-Oberschule und der Peter-Lenne-Oberschule, sowie Vertreter der Lehrergewerkschaft Bau, Steine, Erden und der Gewerkschaft Erziehung und Wissenschaft (GEW) demonstrierten auf dem Grundstück neben dem Berolina-Großmarkt an der Nonnendammallee für einen baldigen Baubeginn des neuen Oberstufenzentrums Bautechnik/Holztechnik. Eine symbolische Grundsteinlegung fand statt.

Beim ersten Hammerschlag hieß es: „Ich wünsche diesem Bau baldige Errichtung." Beim zweiten Hammerschlag sagte der Sprecher: „Ich wünsche den künftigen Auszubildenden des Oberstufenzentrums Bautechnik/Holztechnik moderne Räume, moderne Ausstattung für besseren Unterricht in Praxis und Theorie."

Der Grund für diese Aktion ist die Sorge der beteiligten Schüler und Lehrer, daß ein provisorischer Nachkriegszustand noch länger erhalten bleibt. Ein Sprecher der GEW forderte, daß die Berufsschüler nicht mehr abgeschoben werden dürften in Räume, die ihnen über den Köpfen zusammenfielen. Die Lehrer der oben genannten Schulen beklagen in einem offenen Brief an den Senat die Standortbedingungen, die behelfsmäßig hergerichteten Räume, die Verwahrlosung und die unzureichende Ausstattung ihrer Schulen mit Lehrmitteln. Bereits 1968 wurde für die Poelzig- und die Bartning-Schule ein Neubau geplant. Voraussichtlicher Baubeginn sollte 1973 sein, Standort Neukölln. Im Jahre 1970 wurde unter Einbeziehung der Überlegungen aus dem Jahr 1968 ein Oberstufenzentrum Bau/Holz geplant. Die Standorte wechselten im Laufe der Überlegungen von Neukölln über die

Freiheitswiesen in Spandau, der Marienfelder Allee, Freistraße in Tempelhof bis zur Nonnendammallee in Spandau. Die Auseinandersetzungen über pädagogische Konzeption, Schülerplätze, Ausstattungsprogramm dauern bis heute an.

Auf dem Gelände an der Nonnendammallee, auf dem sich eine seit Jahren ausgehobene Baugrube befindet, sollte ursprünglich ein Oberstufenzentrum für die Elektrotechnik errichtet werden, das aber wegen sinkender Schülerzahlen nicht gebaut wurde. Dafür mußten vor Jahren viele Kleingärtner ihre geliebte Parzelle aufgeben. Seither weht der Wind bei Trockenheit Sandschwaden durch die Luft, wie eine Anwohnerin dem VOLKSBLATT mitteilte.

Im Senat und im Abgeordnetenhaus ist man sich inzwischen nicht mehr so sicher, daß man die Bautechnikschule an der Nonnendammallee überhaupt noch braucht. Deshalb haben die Ausschüsse des Abgeordnetenhauses nun von der Schulverwaltung verlangt, daß ein reduziertes Gesamtprogramm vorgelegt wird, in das die durch den Schülerrückgang freiwerdenden Räume der Bildungszentren einbezogen werden. Diese Prüfung wird sich noch bis ins nächste Jahr hinziehen.

Wie der Sprecher des Schulsenators, Dietrich Pawlowski, dem VOLKSBLATT erklärte, liefen die Demonstranten bei der Schulverwaltung offene Türen ein: „Ich werte die Demonstration als Unterstützung unserer Pläne und Vorhaben. Die berufsbildenden Schulen sollen endlich aus ihrem Schattendasein herauskommen." Schulsenator Walter Rasch äußerte sich folgendermaßen vor dem Senat: „Warnen möchte ich jedoch Sparkommissare . . . , die angesichts des prophezeiten Schüler-Minus in Euphorie verfallen. Weitere Abstriche am OSZ-Neubau darf es nicht geben." Spandaus Volksbildungsstadtrat Helmut Schleusener sprach sich gegenüber dem VOLKSBLATT entschieden für einen Bau an der Nonnendammallee aus: „Wir sind dafür, daß das Oberstufenzentrum dort gebaut wird. Die Bartning-Schule kann nicht auf der Zitadelle bleiben, da diese für andere Zwecke benötigt wird."

RAINER SCHÖN

Grundstein oder Grabstein des neuen Oberstufenzentrums?   (Foto: Schön)

129

Grünes Licht für Oberstufenzentrum

Nach 13 Jahren Planung: Ausschuß stimmte zu

Grünes Licht gab der Hauptausschuß des Abgeordnetenhauses auf seiner gestrigen Sitzung für den Bau des Oberstufenzentrums Bau- und Holztechnik an der Nonnendammallee. Im Frühjahr sollen die ersten Arbeiten beginnen. Seit mehreren Jahren ist auf dem Grundstück eine Baugrube ausgehoben. Dort sollte zunächst das Oberstufenzentrum Elektrotechnik gebaut werden. Während der ersten Ausschachtungsarbeiten wurde das Bauvorhaben jedoch gestoppt.

Damals wurden in der Senatsschulverwaltung neue Berechnungen für den Bedarf an Schul- und Ausbildungsplätzen angestellt. Daraufhin wurde das Bauvorhaben an der Nonnendammallee nicht ausgeführt. Das Oberstufenzentrum Bau- und Holztechnik, das jetzt auf den Grundstück entstehen soll, wird das größte und teuerste berufsfeldbezogene Oberstufenzentrum Berlins.

109,5 Millionen Mark sind für den Schulbau vorgesehen. 1050 Plätze sollen entstehen. Insgesamt werden jedoch bis zu 1662 Schüler unterrichtet. Ein Teil der Schulbesucher absolviert eine praktische Ausbildung und besucht nur zeitweise die Berufsfachschule, weshalb mehr Ausbildungsplätze bereitgestellt werden können, als Schulplätze vorhanden sind.

In dem neuen Oberstufenzentrum werden Ausbildungsgänge der Baubranche angeboten. Ferner besteht die Möglichkeit, die Fachhochschulreife der Vermessungstechnik und der Bautechnik zu erlangen. 1282 praktische Ausbildungsplätze mit begleitender Schulausbildung werden geschaffen. Ferner 60 Fachoberschul- und Ergänzungslehrgänge und 90 sogenannte berufsbefähigende Lehrgänge. 230 Berufsfachschüler können ausgebildet werden.

Die Otto-Bartning-Oberschule, die jetzt in der Zitadelle untergebracht ist, soll in das Oberstufenzentrum umziehen. Nach den Sommerferien 1987 wird der Unterricht in dem neuen Schulhaus aufgenommen.

Die vorhandene, bereits ausgehobene Baugrube muß für das jetzt geplante Oberstufenzentrum vergrößert werden. Das ehemals an dem Standort geplante Schulzentrum Elektrotechnik wurde vor einigen Jahren am Goldbeckweg in Haselhorst gebaut. Das Ausbildungszentrum für Bau- und Holztechnik sollte zunächst in Mariendorf entstehen. Später entschloß man sich jedoch, für den Standort an der Nonnendammallee.

In einer Übergangszeit sollen beide Schulstandorte genutzt werden. Später ziehen dann verschiedene Museen in die Zitadelle ein. Ein Teil der jetzt von der Schule genutzten Gebäude werden abgerissen.

Einstimmig wurde der Bau des Oberstufenzentrums, das bereits seit 1970 geplant wird, beschlossen. Nun wird das erste geplante Oberstufenzentrum als eines der letzten gebaut.   mab

130

36. Abschluss eines Arbeitsjahres

Trotz aller Plackerei, aller Enttäuschungen und
aller zerbrochenen Träume: Die Welt ist doch schön!

Im Audimax der Technischen Universität Berlin trafen sich die Pressekonzern-Geschädigten: Gewerkschafter, Politiker, Schriftsteller, Lehrer, Studenten und Schüler (in der Sprachregelung des Konzerns: die Wehleidigen). An die große Leinwand wurden die Lügen und Halbwahrheiten projiziert; BZ am Tage der Wahl: ‚Brandt mit seiner Geliebten im Gästehaus des Senats'. Am Tage nach der Wahl das kleine Dementi auf der zweiten Seite. ‚**Politisch Lied ein garstig Lied**', das erkennt auch die Jugend und weiß, dass ein Politprofi mit gezinkten Karten spielt. Politik ist Streben nach Macht – oftmals auch mit unfairen Mitteln; wenn's weiter nichts ist als das verbale Verarschen des politischen Gegners, da herrschen in anderen Teilen der Welt wesentlich härtere Spielregeln. Vor der Wahl hätte Brandt eben nicht nach Berlin kommen dürfen, doch was hätten dann BILD oder BZ berichtet?
An so einem Diskussionsabend wird natürlich viel geredet. Einige Redner erhielten mehr Beifall als andere. Ziemlich zum Schluss stand einer auf und stellte sich neben das Rednerpult. Was er zu sagen hatte, brauchte er nicht abzulesen. Am Ende seiner Ausführungen war es völlig ruhig im Saal. Erst später, als er sich wegen eines wichtigen Termins entschuldigte, begleitete ihn ein herzhafter - stürmischer Beifall aus dem Saal. Die Ovationen hielten noch an, als er schon draußen auf der Straße war.
Der Alte dachte an seine Studienzeit, in der er etwas Ähnliches bei zwei Hochschullehrern erleben durfte: Bei dem Psychologen Oswald Kroh (Das Lächeln des Kindes) und bei der Philosophin Katharina Kanthak (Existenzphilosophie). Bei ihnen kam es vor, dass die Studenten etwa zehn Minuten vor Schluss aufstanden und sich die Vorlesung als Zeichen tiefer Verehrung schweigend im Stehen anhörten.
Der Redner, den der Ovalionsschwall aus dem Saal und dem Gebäude trug, war der **Pastor Heinrich Albertz**. Er kann nicht so geschliffene Reden halten wie sein Freund Gollwitzer, dessen Predigten der Alte in der Zehlendorfer Kirche nie ausließ, aber er ist für die akademische Jugend die moralisch-integrative Persönlichkeit, der sie uneingeschränkte Anerkennung zuteil werden lassen.
Gewiss ist es schwer, das Herz der sehr kritisch eingestellten akademischen Jugend zu gewinnen, noch viel schwerer ist es, vor der Arbeiterjugend zu bestehen. In viel höherem Maße sind diese Jugendlichen demegativen Kulturangebot ausgesetzt und von den angeblichen Fortschritten der Technik geblendet. Underground-Musik, Horrorfilme und VideoKassetten, Regenbogenpresse, Konsumzwang verwirren die Sinne und beeinflussen das Sozialverhalten, das oftmals nicht vorhersehbar und sprunghaft ist. Selbst der Berufsschullehrer, der diese Jugend durch Studium und täglichen Umgang gut kennt, hat enorme psychische und geistige Kraft aufzubringen, um das Verhalten von 28 Schülern im Unterricht zielgerichtet steuern zu können. Aus diesen Gründen lehnen es diemeisten

Berufsschulen ab, in einem Festsaal mit einigen hundert Schülern Feiern durchzuführen. Es finden sich auch kaum Lehrer, derartige Feiern zu organisieren. Sind im Saal nur einige Spaß- oder Krawallmacher,dann ist ein derartiges Unternehmen geplatzt. Bis Mitte der 60er Jahre war das noch anders, da gab es sowohl Lehrabschluss als auch Weihnachtsfeiern. Doch schon bei der letzten Veranstaltung wagte man nichtmehr, ein deutsches Weihnachtslied zu singen. Eine hübsche Dame mit netter Stimme und schönem Holz vor der Hütte sang: ,I am dreaming of awhite christmas'.

Aber so weit kam sie gar nicht, da riefen die ersten Jungen ihre Bemerkungen in den Saal, und es gab nichts mehr zu löten an der Kiste aus Holz. Die Verantwortlichen kriegten kalte Füße, sie gaben auf.

Ende der 70er Jahre fasste man wieder Mut, holte die 800 jungen Leute in die Aula zusammen und gestaltete für 1½ bis 2 Stunden eine Jahresabschlussveranstaltung. Der erste Versuch hatte noch schwache Passagen, einige Vortragende schätzten ihre Ausstrahlungskraft auf die jungendliche Masse falsch ein. Die zweite Großveranstaltung war schon bedeutend besser, sie stand unter dem Thema Frieden. Damals war es noch möglich, das Thema freizügig objektiv, ohne politische Bevormundung, darzustellen. Die dritte Veranstaltung hatte das Thema **HOFFNUNG**. Ob der Pastor Heinrich Albertz Zeit und auch Mut hatte, vor 800 Berufsschülern in der proppenvoll besetzten Aula zu diesem Thema zu reden? War die arbeitende Jugend von diesem Mann in gleichem Maße zu begeistern wie die akademische? Heinrich Albertz beantwortete den Brief des Schulleiters mit einem Telefonat: „Ich habe Ihren Brief erhalten. Ich bin am 23. Dezember um 9 Uhr in ihrer Schule."

Das Brodeln im vollbesetzten Saal verstummt nicht etwa deshalb, weil der Pastor und der Direktor in der ersten Reihe Platz nehmen, sondern weil die Jungs der Zita - Band auf ihren Elektrogitarren mit den zigtausend Watt verstärkten Lautsprechern das weihnachtliche Lied anstimmen: ,Leise rieselt der Schnee ...' Herr Albertz schaut zur Decke, wohl um zu sehen, ob die Schallwellen das Dach abheben. Während der Veranstaltung gibt es noch zwei Musikteile, zum Schluss machen die Hobbymusiker aus Spaß an der Sache noch etwas weiter. Zum Programmangebot: Ein Fachoberschüler trägt eine Kurzgeschichte von Gerhard Zwerenz vor: ,Nicht alles gefallen lassen', die Cletus prächtig illustrierte. Der Lehrer Wilhelm hat mit einem Schülerteam ein Stück geschrieben: ,LEBEN IN DER BAUBUDE', das bei den Jugendlichen ebenfalls gut ankommt. Dann berichten Schüler von ihren Arbeiten im ehemaligen KZ Mauthausen und von dem Friedenshaus in Sievershausen. Dabei kommt ein Rohrinstallateur ganz groß heraus und erntet reichen Beifall, als er ein von ihm komponiertes Lied mit Gitarrenbegleitung (und ohne Verstärker) vorträgt. Wie in jedem Jahr berichtet der Schulleiter von der geleisteten Arbeit im Unterrichtsteil, in den Werkstätten und auf den Baustellen. Danach leitet er über zum Thema des Heinrich Albertz: **HOFFNUNG**.

Heinrich Albertz ist beeindruckt von dem, was er gesehen und gehört hat, er bringt das auch in seiner Rede zum Ausdruck: Wer solche Chancen hat, für den Frieden und für eine humane Gesellschaft zu arbeitenund diese Möglichkeiten auch in so hohem Maße nutzt, der kann voller Hoffnung sein. Der Weg, der hier aufgezeigt wird, sollte weiter beschritten werden, das ist die große Hoffnung für alle.

Später, nach der Veranstaltung, bei Kaffee und Kuchen, wird die Manöverkritik abgehalten, und man ist sich darüber einig, dass diese Feier in ihrem Aussagegehalt und in ihrer Wirkung auf die Jugendlichen ein großer Wurf war. Welcher Politiker hat die menschliche und moralische Integrität, die ungeteilte Zustimmung und bei einer schulischen Großveranstaltung die gebührende Aufmerksamkeit von Lehrenden und Lernenden gleichermaßen zu erfahren? Die Jungen finden es gut, was der Albertz sagte und wie er es sagte, lediglich einer beanstandete später in einer Sitzung der Schülervertretung: Als Pastor hätte er eigentlich mehr christliche Worte finden sollen, es war ja schließlich Weihnachten.

Die Berufspädagogen wissen, dass das Bewusstsein unter den Jugendlichen von starkem Zukunftspessimismus geprägt ist. Fast die Hälfte der Jugendlichen rechnet mit dem Ende der Welt durch einen Atomkrieg,. dreiviertel halten die Zerstörung der Umwelt durch Technik und Chemie für bestimmt oder wahrscheinlich. Viele fühlen sich durch die bestehenden politischen Institutionen und politischen Parteien nicht repräsentiert. Eine Großveranstaltung mit dem Thema Hoffnung, die Lernende und Lehrende Mut macht und Kraft für die Alltagsarbeit geben soll, ist nicht mehr als ein Tropfen auf den heißen Stein. Jedoch, was können Pädagogen anderes tun, als es hier in den Protokollnotizen beschrieben ist?

Pessimismus ist keine praktische Haltung!

Eine Großveranstaltung hat den Nachteil, dass – aus Sicht der Schüler – eine von der Schulleitung inszenierte Show abläuft. Nun besitzt ein Schulleiter im allgemeinen kaum Showmaster-Qualifikationen. Die zur Verfügung stehenden schulischen Mittel an Licht und Ton und Bild sind mehr als dürftig, die Ausstrahlungskraft ist gering. Der einzelne Schüler sitzt passiv auf seiner harten Sitzbank und rümpft die Nase. Viel günstiger ist es, die Jahresabschlussveranstaltungen in kleinerem Rahmen stattfinden zu lassen. Am 22. Dezember bekommen die Lehrer Ferien, am Tag darauf müsste der gesamte ‚Produktionsteil‘ noch von 7 bis 16 Uhr arbeiten. An diesem Tag finden weihnachtliche Feiern in den einzelnen Berufsgruppen mit jeweils 70 bis 80 Auszubildenden, den dazugehörigen Meistern und Bauhandwerkern und den Klassenlehrern statt.

Die Auszubildenden des Wirtschaftsverbandes „Heizung-Klima-Sanitär" und die Praktikanten nehmen sich große Klassenräume, die Maurer schmücken die Kantine aus, die Betonbauer die Schalhalle, die Tischler feiern seit Jahr und Tag im Clubraum, die Rohrinstallateure, Bauschlosser und Elektroinstallateure räumen wie die Zimmerer, die Werkbänke beiseite und sitzen für etwa drei Stunden in den mit Tannengrün dekorierten Werkstatträumen. Da jeweils das dritte Ausbildungsjahr die Feier durchzuführen hat, wird eine enorme Schüleraktivität entwickelt. Der Rundgang durch die einzelnen Werkstattbereiche bestätigt diese Form des Beisammenseins: Werkstattleitender Meister oder Klassenlehrer halten kleine Ansprachen, Schüler lesen Geschichten und tragen Gedichte vor, man musiziert und singt gemeinsam; bei Kaffee und Kuchen spricht man zum Jahresende über dies und das, aber kaum über die Arbeit. Eine Skatversessene Gruppe spielt Weihnachtsgänse aus.

Die vorweihnachtlichen Stimmungen sind innerhalb der einzelnen Berufsgruppen recht unterschiedlich. ‚Hohes Niveau' herrscht immer bei den Holzwürmern, am schwersten tun sich die Bauleute, einen wohlklingenden Akkord anzuschlagen. Eine homogene, sozialintegrative Gruppe bilden in diesem Jahr die Praktikanten. Die Mädchen haben Weihnachtsgebäck und Kuchen gebacken und den Raum mit viel Fleiß ausgeschmückt, es wird Gitarre und Flöte gespielt, Gedichte werden vorgetragen, man hat eine aussagekräftige Dia-Reihe von den einzelnen Werkstattkursen erstellt. Meister Helmut und Lehrer Wilhelm kommen hinzu und erzählen etwas von dem deutsch-französischen Gemeinschaftsprojekt in Südfrankreich. Die Angelegenheit lässt sich gut an und verspricht, erfolgreich zu werden.

Eine Schule darf nicht in ihrem Alltagsmief ersticken. Schlimm ist eine bildungspolitische Inversionslage: Von oben drückt schlechte Luft und macht das Atmen schwer. Befreiend wirken frische Nordwest Winde, auch wenn sie an diesem vorweihnachtlichen Tage kalt sind. Auf der Bastion Kronprinz, wo einmal ein Hafenbecken angelegt werden soll, werden die schweren Eichentore aufgeschoben. Der Festungsgraben und das anliegende Fenn haben eine dicke Eisschicht, die mit Raureif überzogenen Erlen heben sich gegen das gelbbraun-rote Festungsmauerwerk ab. Im Windschatten der 12 m hohen Kurtinenwände lodert ein mächtiges Feuer. Mädchen und Jungen werfen immer mehr Bohlen- und Kantholzabfälle des ehemaligen Baugerüstes des Palas in die Flammen. Vor dem Flammenherd schmilzt das Eis und bildet kleine Pfützen, in denen Frierende mit roten Gesichtern stehen. Die meisten halten sich durch Bewegung warm. Mit Schlittschuhen umfahren sie in Pulks das alte Festungsareal und pendeln hinüber zum Ravelin Schweinekopf. Dort prasselt ein kleineres Feuer und Würstchen werden gegrillt. Auch der anziehende Duft von heißem Tee kommt einem in die Nase, der bei dieser außerschulischen Veranstaltung ausgeschenkt wird. Einige Fachoberschulklassen brauchen noch Geld, um ihre Skireisen zu finanzieren.

Ab und an wird von der nahen Bierbrauerei würziger Malz- und Hopfenduft herüber getragen. Vom Weihnachtsmarkt in der Spandauer Altstadt, jenseits der Havel, meint man, Stimmengewirr wahrzunehmen. An manchen Stellen sind unter der glasklaren Eisdecke Fische auszumachen, und ein älterer Kollege erzählt, wie man früher auf den überschwemmten Havelwiesen Fische ‚gedröhnt' hat: Ein Schlag mit einem großen Hammer auf das Eis hat die Fische so geschockt, dass man sie nach Aufschlagen der Eisschicht aus dem Wasser nehmen konnte.

Die Sportlehrer haben in Zusammenarbeit mit der Schlosserei Surfschlitten entwickelt. lm Rahmen des Projekt-Sportunterrichts und Kooperation mit der TU-Uni-Sport, die im Sommer ihr Übungsgelände direkt unter der Bastion Brandenburg hat, können etliche Jugendliche nicht nur auf dem Wasser, sondern auch auf dem Eis hervorragend windsurfen. Etliche Kollegen haben ihr kleineres 4 qm großes Sturmsegel, aber auch das große 5 qm große Regattasegel mitgebracht. Der Alte schaut zu, wie die bunten spitzen Dreiecke vom kalten Nord-

west über die Bucht gejagt werden. Frank kommt mit seinem Mistral auf ihn zu und bringt das Gefährt gekonnt vor der Gruppe zum Stehen:
„Na, wie ist es, willst Du mal einen Schlag machen?" Sie tauschen Mantel gegen Jacke, Mütze gegen Pudel und nach einigen Instruktionen schiebt der Alte seine Schuhe in die Schlaufen und lässt sich leicht in den Wind schieben. Das Segel wird an der Startschot gehalten und knattert im Wind, nach dem Übergreifen hält die Masthand das killende Segel, ruckartig wird das Segel am Oberkörper vorbeigeführt und der Gabelbaum mit der Segelhand angefasst, beim Dichtholen legt man sich gegen den Wind. Der Impuls, den das Gerät plötzlich bekommt, ist gewaltig. Der Reibungswiderstand der Kufen auf dem Eis ist geringer als der des Surfbrettes auf der Wasseroberfläche. Man muss sich mit dem gesamten Körpergewicht gegen den Winddruck stemmen, und fliegt über das Eis davon, saust aus dem Zitadellengraben hinaus auf die freie Eisfläche in Richtung Haselhorst: Du spürst die gebändigte Windkraft in deinen Armen und unterliegst dem Rausch der Geschwindigkeit. Der Freundesschrei, den du ausstößt, wird nur von dir selbst gehört. Kurz vor dem Schilfbestand luvst du an, neigst den Mast nach hinten, und der Schlitten dreht in den Wind. Nach der 180°-Drehung geht die Eisjagd zurück, weit hinten nimmst du schemenhaft vor der Wintersonne **dein Ziel – die Zitadelle –** wahr. Von nördlich gelegenem Henningsdorf pfeift eine steife, kalte Böe durch das Stahlgerippe der Eiswerderbrücke. Mit äußerster Kraft kannst du den Gabelbaum halten, du merkst, wie sich der Schlitten etwas vom Eis abhebt, du gleitest nicht, sondern fliegst für einen kurzen Augenblick, der lang genug ist, dass er dich frei macht für eine Erholungspause. Als die Kufen wieder richtig greifen, korrigierst du den Kurs vom offenen Havelufer weg in Richtung Zitadelle, die du immer noch schemenhaft als guten Stern wahrnimmst, als ehemalige Festung, nicht Giftgas geschwängert und waffenstarrend, sondern einladend und freundlich. Du drückst dir die Tränen des Fahrtwindes aus den Augen, kannst die Bastion Brandenburg erkennen, die Sportanlage der Wasserfreunde, gleitest an der Ruderanlage der Schule vorbei hinein in den Zitadellengraben, wo die Windbelastung abnimmt, du an Fahrt verlierst, einen Bogen gegen den Wind ausfährst und zum Stehen kommst. Hilfreiche Hände sind da, halten Schlitten und Segel, stützen dich bei den ersten Schritten auf dem glatten Eis und fragen:
„Na, wie war's – nicht ein tolles Erlebnis?" Du bist erst einmal völlig benommen und kannst gar nichts sagen, wechselst die Kleidung und schaust zu, wie Thomas, der inzwischen eine kleine Bude gekriegt hat, als nächster das Gerät besteigt. Dann wendest du dich ab und gehst zum Feuer, wo du dich wärmst und in die Flammen schaust. Der unaufhaltsame Übergang des brennenden Holzes in Wärme, Gas und Asche lässt dich über die Einmaligkeit und über die Vergänglichkeit alles irdischen nachdenken: Das Surf-Erlebnis, das zurückliegende Jahr, die vier Jahrzehnte lange Ausbildung in der Zitadelle, das 400jährige Bestehen der alten Festung.
Einige Schüler kommen vom Ravelin Schweinekopf zur Bastion Kronprinz herübergefahren:

„Sie schauen so verfroren aus und sollten mit uns einen Becher heißen Tee trinken?"

„Ihr meint, ich soll euch helfen, eure Skifahrt zu finanzieren, na gut – worauf wollen wir trinken?"

Der Alte findet in der Tasche zwei Fünfer und tauscht sie gegen einen Becher ein.

„Da gibt's 'nen Spruch im Kommandantenhaus der Zitadelle, der so richtig zum weihnachtlichen Fest des Friedens passt", nimmt einer die Anregung auf. „Sie wissen doch, die Ausstellung ,Der Dreißigjährige Krieg'. Im Fürstenzimmer haben sie unseren gemeinsamen Wunsch groß angeschrieben, vielleicht ein bisschen pathetisch, aber eigentlich doch ganz schön:"

> „Hin- und herschwankend,
> ringen Frieden und Krieg
> hart miteinander.
> Der Frieden,
> so wünscht es Europa,
> möge herrliche Trophäen davontragen."

In beiden Händen den heißen Becher haltend, schlürfen sie sich gemeinsam zu.

Juliusturm · H. Sank

37. Abschied von der Zitadelle

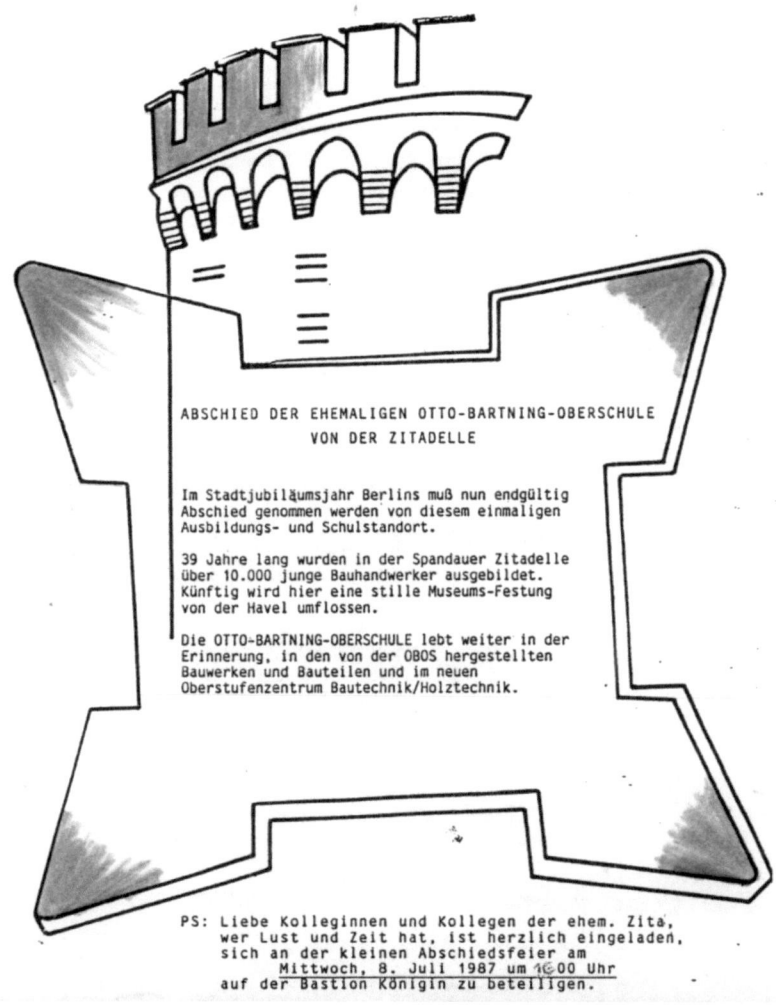

ABSCHIED DER EHEMALIGEN OTTO-BARTNING-OBERSCHULE
VON DER ZITADELLE

Im Stadtjubiläumsjahr Berlins muß nun endgültig
Abschied genommen werden von diesem einmaligen
Ausbildungs- und Schulstandort.

39 Jahre lang wurden in der Spandauer Zitadelle
über 10.000 junge Bauhandwerker ausgebildet.
Künftig wird hier eine stille Museums-Festung
von der Havel umflossen.

Die OTTO-BARTNING-OBERSCHULE lebt weiter in der
Erinnerung, in den von der OBOS hergestellten
Bauwerken und Bauteilen und im neuen
Oberstufenzentrum Bautechnik/Holztechnik.

PS: Liebe Kolleginnen und Kollegen der ehem. Zita,
wer Lust und Zeit hat, ist herzlich eingeladen,
sich an der kleinen Abschiedsfeier am
Mittwoch, 8. Juli 1987 um 16.00 Uhr
auf der Bastion Königin zu beteiligen.

Am Fuße der Bastion Brandenburg befand sich die Ruderanlage. Die Zitadelle sollte „stubenrein" verlassen werden. Also mussten auch die Stege abgebaut werden. Das anfallende Brennholz wurde für ein Feuer verwendet. Seine hoch auflodernden Flammen stiegen in den nächtlichen Himmel. Genügend Abstand war geboten, die Strahlungshitze war gewaltig. Man saß auf Bänken im großen Kreis, aß und trank. Jeder war aufgefordert, eine kleine lustige Geschichte zu erzählen. Erst begann es etwas stockend, aber dann ...

Ulli erzählte, wie er von hier mit der langen Leiter über den zugefrorenen Festungsgaben zur Fahrrinne der Havel lief und den festgefrorenen Jungen aus dem Wasser zog.

Da gab es den Lehrling, der alle zum Wahnsinn brachte, weil er Anordnungen (absichtlich?) missverstand. Erst spät stellte der Schulpsychologe fest, dass der arme Tropf mit dem Ganser-Syndrom belastet war.

Der rechtschaffene Meister Dorma fragt, warum immer die Schippen mit dem langen Stiel genommen werden. Ein Lehrling: „Ist doch klar, um möglichst weit weg von der Arbeit zu sein." Darauf hin ließ Dorma alle Schippenstiele kürzen.

Irgendwann war Schluss mit dem Gerede. Die Meister sind eine singfreudige Truppe. Gitarren, Akkordeon und Mundharmonika begleiteten den vielstimmigen Gesang, der Drummer Horst hatte seine Trommel dabei. Beim Sirthakis wurde auch getanzt.

Einer musste ein Lied so lange vortragen, bis es alle mitsingen konnten. Melodie und Text schienen die Stimmung der Abschiednehmenden am besten zu treffen:

„Später, später bleibt vom Wagen nicht einmal die Wagenspur.
Niemand, niemand wird dann fragen, wer in diesem Wagen fuhr.
Alle Worte, die wir sagen, rauschen dann die Bäume hoch
Und das Lied, das uns erklungen, auf der Mundharmonika
Wird hereinst vom Wind gesungen und heißt nur noch **LA LA LA"**

Gedenktafel an der Kurtinenwand der Bastion Königin

38. Neues Nutzungskonzept der Zitadelle

Bezirksamt Spandau von Berlin
Abt. Bildung, Kultur und Sport - Kunstamt
Andrea Theissen, Leiterin des Spandauer Kunstamtes Zitadelle Spandau,
Leiterin des Stadtgeschichtlichen Museums Spandau

Berlin-Spandau, den 4. Dezember 2006

Medieninfo

Das neue Nutzungskonzept der Zitadelle Spandau - ein Musterbeispiel für die Umsetzung der Zielsetzungen des EU-Projektes „Baltic Fort Route"

Das neue Entwicklungs- und Nutzungskonzept für die Geschichtsinsel Zitadelle Spandau

Im 16. Jahrhundert nach modernsten Gesichtspunkten der Festungsbaukunst gestaltet, zählt die Zitadelle Spandau heute zu den besterhaltenen Renaissance-Festungen Deutschlands. Als Verteidigungs- und Rückzugsort spielte sie eine bedeutende Rolle für die Entwicklung Berlins, zunächst alleine, dann gemeinsam mit dem 300 Jahre später errichteten Berliner Schloss. Während das Berliner Schloss bis auf barocke Kellerreste zerstört wurde, sind auf der Zitadelle bedeutende Bauten aus der Zeit des Mittelalters, der Renaissance und des 19. Jahrhunderts erhalten geblieben. Heute ist die Zitadelle Berlins Geschichtsinsel von internationalem Rang.

Im Berliner Tourismuskonzept wird dem Themenfeld „Ausbau der Erlebbarkeit berlinspezifischer Geschichte und Politik" Priorität eingeräumt. Mit dem Marketingschwerpunkt „Zitadellenstadt Spandau" baut das bezirksbezogene Tourismuskonzept darauf auf. Das neue Entwicklungs- und Nutzungskonzept für die Zitadelle sieht vor, das Angebot an kultur- und kunsthistorischen Ausstellungen mit überregionaler Ausstrahlung zu erweitern. Zudem sind eine Reihe von privatwirtschaftlichen Nutzungen geplant. Die bezirklichen Nutzungen werden weitergeführt. Langfristig soll der Leerstand auf der Zitadelle gänzlich beseitigt und der für Besucher zugängliche Bereich wesentlich erweitert werden, auf 69% der Gesamtfläche.

Im Erdgeschoss von Haus 6 sind Wechselausstellungen in Planung, im ersten Stock des Hauses soll langfristig eine Dauerausstellung zur Festungs- und Militärgeschichte eingerichtet werden, in enger Kooperation mit dem Deutschen Historischen Museum. Im Haus 8 soll die Schau „SpurenSuche" monumentale Skulpturen präsentieren, die zur Aufstellung im öffentlichen Stadtraum bestimmt waren.

Als kommerzielle Nutzungen sind ein Gastronomie- und Veranstaltungssaal in der Exerzierhalle geplant, ein Aussichts-Café mit Blick auf die Stadt- und Seenlandschaft der Oberhavel im ehemaligen Laborgebäude auf der Bastion Brandenburg, Tagungs- und Veranstaltungsraume im Dachgeschoss des Hauses 6 und langfristig eine „Markthalle" für Kunsthandwerk im Werkstattgebäude.

Zuständig für die Bauunterhaltung, die Bewirtschaftung und den Ausbau der Zitadelle ist das Bezirksamt Spandau. Die Einbindung des neuen Nutzungskonzeptes in den überregionalen Zusammenhang erfolgt durch das Tourismuskonzept des Bezirks, das durch EFRE-Mittel gefördert wird, und durch das EU-Projekt „Baltic Fort Route".

Das EU-Projekt „Baltic Fort Route"

Das neue Nutzungskonzept verbindet sich in hervorragender Weise mit den Zielen des EU-Projektes „Interreg 111 B - Baltic Fort Route, Culture and Tourism Route Fortresses". Das ambitionierte Projekt will innovative Konzepte für eine gemeinsame kulturelle und touristische Nutzung von Festungen im Ostseeraum entwickeln, in enger Kooperation mit Experten des Denkmalschutzes und der Tourismuswirtschaft. In diesem Sinne ist das Nutzungskonzept für die Geschichtsinsel Zitadelle Spandau ein Meilenstein für die Baltic Fort Route.

Insgesamt dreizehn bedeutende historische Festungen zwischen Deutschland, Polen und dem Baltikum soll ab Juni 2007 eine touristische Route verknüpfen. Von Dömitz an der Elbe über Berlin-Spandau und Kostrzyn (Küstrin) bis zu dem russischen Kaliningrad wird die Baltic Fort Route führen.

Das 4. Network-Meeting zum EU-Projekt Baltic Fort Route findet vom 4. bis zum 6. Dezember auf der Zitadelle von Berlin-Spandau statt. An der Tagung nehmen mehr als 50 Partner und Gäste aus Deutschland, Polen, Litauen und Russland teil.

Vier „Work Packages" werden im Rahmen des Projektes von der gleichen Anzahl an Arbeitsgruppen bearbeitet, die nun bei diesem Network-Meeting zusammenkommen werden: „Work Package V" ermittelt die Bestände der Festungen, um daraus attraktive kulturelle und touristische Angebote zu entwickeln. „Work Package 2" setzt sich mit Strategien der Restaurierung, des Denkmalschutzes und des Umgangs mit der Natur auseinander.

Die Entwicklungsziele des neuen Nutzungskonzeptes im Überblick

Verteilung der Nutzung zur Zeit:
 7 % Ausstellungen mit überregionaler Orientierung
17% überwiegend bezirksbezogene Kulturnutzungen
11% Veranstaltungsräume (kulturell und kommerziell genutzt)
4% gewerbliche Nutzung (Gastronomie)
21% Mieträume (Ateliers, Werkstätten)
21% Funktions-, Lager und Depotflächen
18% Leerstand

Entwicklungsziel nach dem neuen Nutzungskonzept:
19% Ausstellungen mit überregionaler Orientierung (+12%)
17% bezirksbezogene Kulturnutzungen (+/-0%)
11% Veranstaltungsräume (kulturell und kommerziell genutzt, +/-0%)
22% gewerbliche Nutzung inkl. entsprechender Nebenräume und Lagerflächen
      (Gastronomie, Veranstaltungen +18%)
21% Mieträume (Ateliers, Werkstätten, +/-0
10% Funktions-, Lager- und Depotflächen (-11%)
0% Leerstand (-18%)

Versammlung der Skulpturen an der Rückseite des Zeughauses

39. Die Mitgestaltung der Schule

Begrüntes Tor der Bauhandwerker

Drachenmauer im Schulhof. Sie umgibt eine „Drachenlabyrinth" genannte Anlage im Schulhof des Spandauer Oberstufenzentrums Bautechnik/Holztechnik an der Nonnendammallee 140/143. Lehrlinge und Schüler haben sie nach dem Entwurf der Künstlerin Waltraud Kremser geschaffen. Gestern wurde die Fertigstellung bei einem Schulfest mit Nachbarn gefeiert.

Foto: Peters

Im Schulhof gingen Handwerk und Kunst Hand in Hand

Schülerkunst konnte sich mit Profiarbeit messen

Experiment der Bauverwaltung für das neue Oberstufenzentrum in Spandau — Mehrere Werke preisgekrönt

Wie groß das Interesse auch von Berufsschülern an der Beschäftigung mit Kunst ist, zeigt jetzt ein Experiment der Senatsbauverwaltung. Zum ersten Mal wurde für den Bau eines neuen Oberstufenzentrums (OSZ) an der Nonnendammallee in Spandau neben dem üblichen Wettbewerb „Kunst am Bau" für Berufskünstler auch ein Schülerwettbewerb ausgeschrieben.

Der „kleine" Wettbewerb wurde dem „großen" zeitlich nachgeordnet und die zu bearbeitenden Standorte so gewählt, daß sie mit denen der Künstler nicht konkurrierten. Das Ergebnis überraschte Jurymitglieder, Lehrer und Betrachter der Modelle. Ein Mitarbeiter der Senatsbauverwaltung brachte es auf die Formel: „Verglichen mit dem, was die gesamte Künstlerschaft abliefert, besteht da kein Unterschied."

Preise erhielten die angehenden Zimmerer, Schlosser und technischen Zeichner für ihre Plastiken und Bilder. Prämiert wurde eine Holzkonstruktion von sechs Berufsschülern, die links traditionelle, rechts moderne Zimmermannsarbeit zeigt. Ebenfalls preisgekrönt wurde die Arbeit einer jungen Berufsschülerin, die einen lebensgroßen biertrinkenden Bauarbeiter aus Gips herstellte. Begründung: Während ihres Praktikums auf dem Bau habe sie festgestellt, daß bei dieser Tätigkeit erheblich mehr Durst entsteht als in anderen Gewerben.

Ernster mutet das Werk vom eingemauerten Menschen an. Eine Skulptur für den Pausenhof. Vielleicht eine verschlüsselte Ablehnung des großen und teuersten Oberstufenzentrums (bisher veranschlagt: 110 Millionen DM) der Stadt. Durch Bauwerke legen sich die Menschen fest, heißt es dann auch. Und weiter: „Der Bau wird zum Gefängnis. der Plan zum Gesetz." Von Fesseln, die sich Menschen selbst auferlegen, „erzählt" auch ein anderes Objekt, das den Konflikt zwischen der Natur und der ständig fortschreitenden Technik darzustellen versucht. Naive Landschaftsmalerei wird einem Computer entgegengesetzt, an dem ein roboterähnlicher Mensch sitzt. Weiße, trostlos und anonym aussehende Arbeiter strömen aus dem Gerät heraus, bewegen sich scheinbar auf das im Hintergrund riesige OSZ zu.

Wie die 17 bis 25 Jahre alten Schüler die Welt sehen, zeigt ein Bild für die Betonpfeiler des Korridors der Schule. Klischees vermischen sich mit der Realität. Da sieht man den Chef am Telefon, den Feierabendmenschen mit einem Bier vor dem Fernseher. Daß allerdings die Welt ansonsten nur aus Casinos, Bars und Bordellen, Porschefahrern, Prostituierten und Pennern besteht, scheinen Vorstellungen zu sein, die wohl auf massenhaften Krimikonsum zurückzuführen sind.

Modelle verwirklichen

Insgesamt rund 30 000 DM wurden nach Angaben des Fachleiters Kunst an der Otto-Barting-Oberschule in Spandau (Berufsschule, Fachoberschule und Berufsschule für Vermessungstechnik), Thaetner, für den Schülerwettbewerb ausgegeben. 54 Arbeiten wurden von Schülern der Otto-Barting-, der Poelzig-Oberschule in Wedding (Berufsschule für Bauhandwerker) und der Peter-Lenné-Oberschule in Zehlendorf (Berufsschule für Holz- und Glasberufe) eingereicht, die vom nächsten Jahr an alle das neue OSZ an der Nonnendammallee besuchen sollen.

Preise in Gesamthöhe von 6000 DM wurden verteilt. Von den restlichen 24 000 DM sollen einige preisgekrönte Modelle der Berufsschüler verwirklicht werden. Erfahrungen mit der Kunst vor allem aber Schüler nur wenig anfangen konnten, sollen damit der Vergangenheit angehören.

Der Tagesspiegel   - 4. JUNI 1985

Abbundhalle der Zimmerer

Museum für Verkehr und Technik: Mühlenunterbau

144

40. Das OSZ Bautechnik/Holztechnik

Der Standort

Von einer grünen Insel in den Stadtteil Haselhorst umgesetzt - auf ein dreieck-förmiges Grundstück, an einer stark befahrenen 6-spurigen Straße, am Rande eines Industriegebietes mit Kraftwerk, Müllverbrennungs-Anlage, Gelatinefabrik, Verschrottungsanlage. Hauptproblem war die gesundheitsschädigende Luftver-schmutzung (siehe Pressemitteilung). Luftuntersuchungen wurden eingeleitet, Videoaufnahmen von Explosionen in der Verschrottungsanlage gemacht, die Presse eingeschaltet - die Behörden mussten reagieren. Die Verbesserungen waren zufriedenstellend.

Das zusammengewürfelte Kollegium

Die Kollegien von drei Schulen büßten ihre Eigenständigkeit ein:
- die Poelzig-Oberschule aus dem Wedding,
- die Lenné-Oberschule aus Zehlendorf,
- die Bartning-Oberschule aus Spandau.

Die Vorbehalte gegen Schulfabriken waren groß. Man musste sich dem Zeitgeist anpassen. Das Bildungsangebot in den Berufsfeldern Bautechnik und Holztech-nik sollte optimal an **3500 Schüler** mit völlig unterschiedlichen Bildungsgängen vermittelt werden von
- 135 Theorielehrern,
- 60 Lehrern für Fachpraxis,
- 25 Verwaltungs- und technischen Angestellten.

Man stimmte sich auf das neue Umfeld ein: Moderne Klassenräume und Werk-stätten, ein hervorragendes Medienangebot für den Theorie- und Praxisbereich wie Maschinen, Computer, Sprachlabore, EDV-Anlagen für den Vermessungs-bereich, CNC-gesteuerte Maschinen, Geräte für Gasanalysen, einen einladenden Mensabereich, Recreationsräume für Lehrer, eine gut bestückte Bibliothek und Mediothek.

Das Schulmanagement arbeitete gut zusammen, angelehnt an die Arbeitsweise von Walter Gropius: **TTC** - The Teachers Collaborative.

Die Bildungsaufgaben

Jeder Jugendliche, der einen Beruf erlernt, hat die Pflicht, die Berufsschule zu besuchen. Die Berufsschule versucht, ihre Schüler in folgenden Bereichen zu fördern

im technischen Bereich eröffnet sie ihren Schülern den Zugang zum Berufsleben mit allen Möglichkeiten des beruflichen Aufstieges,

im politisch-sozialen Bereich versucht sie, auf Grund rationaler Orientierungen in unserer Gesellschaft Sozial- und Handlungskompetenz zu entwickeln,

im kulturellen Bereich werden kulturelle Werte dargestellt und Möglichkeiten eröffnet, sich mit diesen Werten kritisch auseinanderzusetzen und sie zu bewahren,

im human-individuellen Bereich ist es ein wichtiges Anliegen, den Jugendlichen zu verstehen, ihn zu betreuen und ihm auf dem Weg in das Erwachsenenleben zu helfen.

Die Organisation

Grundlage beruflicher Ausbildung sind auf Bundesebene erlassene und vom Land Berlin übernommene gesetzliche Regelungen, in denen Inhalte und Organisation der Ausbildung festgelegt sind. Unser Oberstufenzentrum ist in 4 Abteilungen gegliedert.

Abteilung I	Abteilung II	Abteilung III	Abteilung IV
Grundstufe	Berufsschule	Berufsschule	Berufsfachschule und
Bautechnik	Bautechnik	Holztechnik	Fachoberschule Bautechnik/ Holztechnik
ca. 350	ca. 1250	ca. 1200	ca. 400
Berufsschüler	Berufsschüler	Berufsschüler	Berufsfachschüler ca. 200 Fachoberschüler

Die personelle Betreuung erfolgt durch.

135 Theorielehrer
60 Lehrer für Fachpraxis
25 Verwaltungs- und technische Angestellte

Am Oberstufenzentrum werden Abteilungsschülervertretungen und eine Gesamtschülervertretung gebildet, die aus ihrer Mitte Vertreter für die schulischen Gremien wählen.
Die Berufsfachschule hat nach dem Personalvertretungsgesetz eine selbständige Jugendvertretung, die sich speziell mit Fragen der Berufsausbildung beschäftigt und darauf achtet, daß die gesetzlichen Bestimmungen eingehalten werden.

So kann es laufen und weitergehen........

Das Schulgesetz für Berlin sieht vor, daß man innerhalb der berufsbildenden Schule
* den Hauptschulabschluß
* den erweiterten Hauptschulabschluß
* den Realschulabschluß
erwerben kann. Welche Wege man beschreiten muß, um den angestrebten Schulabschluß zu erlangen, hängt von dem gewählten Bildungsgang ab. Entsprechende Auskünfte erteilt die Schulleitung.

Wurde mit dem Bestehen der Gesellen-oder Facharbeiterprüfung ein Abschluß erreicht, der mit dem Realschulabschluß gleichwertig ist, so stehen viele Wege offen:

* da gute Facharbeiter gefragt sind, kann man gleich berufstätig werden, später seine Polier-oder Meisterprüfung ablegen, einen eigenen Betrieb gründen ;
* oder man besucht die Fachoberschule, legt dort die Fachhochschulreifeprüfung ab, studiert dann an der Technischen Fachhochschule und wird Diplom-Ingenieur.

Je mehr man in Bildung investiert, desto größer sind die beruflichen Chancen im persönlichen Leben eines jeden einzelnen.

Neben der Pflicht die Kür

Unsere Schüler geben sich nicht mit dem Angebot der "Pflichtfächer" zufrieden, viele wollen sich umfassender weiterbilden.
Unser Oberstufenzentrum bietet dienstags und donnerstags von $17.^{00}$ bis $20.^{00}$ Uhr zahlreiche Arbeitsgemeinschaften an, die sich nach den Wünschen unserer Schüler richten:

* Schadstoffmessungen der Haselhorster Luft
* Fotografieren und Filmen
* Musizieren - Bildung von Bands
* Keramisches Formen, Gestalten, Dekorieren
* Experimentelles Gestalten, Architektur - Modellbau
* Glasbau - Tiffany, Intarsienarbeiten
* Darstellende Geometrie, Statik
* Freihandzeichnen, Entwickeln von Perspektiven
* Bauzeichnen mit CAD - System
* Informationsverarbeitung
* Div. Sport-Arbeitsgemeinschaften, wie z. B.
  Fußball, Handball, Volleyball, Badminton,
  Tischtennis, Tennis, Judo, Rudern, Surfen.

Unsere Bibliothek ist vor allem mit Fachliteratur, aber auch mit Kassetten und Tonbändern reich ausgestattet und erwartet zahlreichen Besuch.

Das Theater der Schulen wird gut betreut und erfüllt Kartenwünsche der Schüler.

Was sonst so bei uns passiert.......

Selbstverständlich betrachten wir es als unsere wichtigste Aufgabe, unsere Schüler im handwerklich-technischen Bereich optimal zu fördern. Neben diesem Unterricht in unserem Hause sind unsere Schüler auch auf anderen Gebieten aktiv:

* Wir haben eine französische Partnerschule in Chomérac in Südfrankreich, mit der wir ein gemeinsames Projekt betreiben: Wir restaurieren eine Burg in La Voulte sur Rhône.

* Auf den Lofoten in Nord-Norwegen gibt es ein verlassenes Fischerdorf, das wir in Zusammenarbeit mit Studenten der TU Berlin zu einem internationalen Jugendtreff ausbauen.

* Seit Jahren fahren Berufsfachschüler in das ehemalige KZ Mauthausen (Österreich), wo sie denkmalpflegerische Arbeiten im Holz-, Stein- und Installationsbereich durchführen.

* Wir helfen in Lidice (Tschechoslowakei) beim Bau eines Museums.

* Wir haben eine Brücke von Berlin nach Santiago de Chile geschlagen, wo wir ein SOS-Kinderdorf unterstütze

* Projektorientierte Ausbildungs- und Unterrichtsvorhaben führen uns aus dem engen Schulrahmen hinaus: Wir machen stadtgeschichtliche Exkursionen nach Rom, Paris, Amsterdam, Dresden und andere europäische Städte.

* Durch berufsorientierte Studienfahrten erhalten unsere Schüler Einblicke in moderne Fertigungsverfahren und angewandte Technologien.

Unsere Lehrer sind offen für Anregungen ihrer Schüler:

Berufsschule macht Spaß!

Schulprospekt L/01.90

148

Ein Wahnsinnsereignis schüttelte alles durcheinander.

Die Wiedervereinigung

44 Jahre Kalter Krieg. Westberlin eingegrenzt von einer Mauer aus Beton und Stacheldraht. Plötzlich verschwinden Sperranlagen, ein Vopo meldet Herrn von Weizsäcker: „Keine besonderen Vorkommnisse!" Auch der militärische Gürtel der Sowjets löst sich auf: Die Raketenbasen, die Start- und Landebahnen der MIGs 29. Man kann wieder in Jahrzehnte lang gesperrten Wäldern Pilze suchen. In der ganzen Stadt ein wohlklingender, langer DUR-Akkord, der alle Moll-Töne überlagert.

Im Juni 1991 übergeben die Schulräte der östlichen Bezirke Listen mit den Namen von Kollegen, die zukünftig am OSZ Bautechnik/Holztechnik unterrichten sollen. Es sind über 100 Kollegen, ausgesondert sind Mitarbeiter der Stasi: Schulleiter, Sekretärinnen, einige Kollegen. Von den fünf Ostberliner Schulen werden zwei ausgesucht, die Filialen des West-OSZ werden:

Filiale Weißensee: Bautechnik II
Filiale Treptow: Holztechnik

Da sie nicht dem westlichen Standard entsprechen, sind Umbauten erforderlich. Die Betreuung von 250 Lehrern und **über 7000 Schülern** stellt die betroffenen Lehrer und das Schulmanagement vor schwer zu lösende Aufgaben. Im Nachhinein stellt sich jedoch alles als eine erfrischende, aufregende Zeit dar!

Verwandte Seelen

Person:	Direktor einer	Person:	Mathematiklehrer
	Ostberliner Berufsschule		am West-OSZ
	35 Dienstjahre		35 Dienstjahre
	SED-Mitglied		CDU-Mitglied
	Mitglied staatstragender		BVV-Verordneter
	Gremien		Abgeordneter
	Offizier bei der NVA		Mitglied der
	(doppelter Gehaltsempfänger)		Bereitschaftspolizei
	Geheimnisträger		Geheimnisträger
	Waffenträger		Waffenträger
	Stasi-Mitarbeiter		**Stasi-Mitarbeiter**

Der Direktor hatte u.a. die Pestalozzi-Medaille in Gold. Beide Personen wurden vom Schuldienst suspendiert.

Spannungsfeld zwischen Handwerk und ‚High Tech'

OSZ Bau/Holz: Hochschultage Berufliche Bildung

„Es geht uns darum, eine Brücke zu bauen zwischen den berufsbildenden Schulen auf der einen und den Universitäten auf der anderen Seite", so sieht Manfred Kranz, der Leiter des Oberstufenzentrums Bautechnik/Holztechnik in Haselhorst das Ziel der „Hochschultage Berufliche Bildung '88", die morgen beginnen. Ein Großteil des Programms wird in den Räumen der Technischen Universität Berlin stattfinden, aber das OSZ in der Nonnendammallee 140—143 hat auch einige interessante Veranstaltungen geplant.

Alle Vorführungen, Diskussionen und Workshops sind geprägt vom Spannungsfeld zwischen althergebrachtem Handwerk und der Beherrschung modernster High-Tech.

Das wird am Montag um 12.30 Uhr deutlich, wenn Schüler des OSZ den Besuchern demonstrieren, welch unterschiedliche Fertigkeiten heute ein Schornsteinfeger besitzen muß. Einerseits klettert er auch heute noch auf die Dächer und läßt am Seil die Kugel in den Schlot, andererseits muß ein Kaminkehrer im Zeitalter der Umweltverschmutzung auch ein vollausgebildeter Emissionsexperte sein.

In Berlin hat sich für die rußige Zunft in den letzten Jahren ein Problem gezeigt, das vom zunehmenden Einbau von Gasheizungen in Altbauwohnungen herrührt. Durch das geänderte Abgasverhalten gegenüber der Kohleheizung kommt es nun verstärkt dazu, daß Schornsteine feucht werden und versotten. In Zusammenarbeit mit Fachleuten verschiedener Hochschulen arbeiten Schüler des OSZ an der Lösung dieses Problems.

Am Dienstag werden Professoren, Pädagogen und Gewerkschafter sich den ganzen Tag über in Arbeits- und Diskussionsrunden mit dem Schwerpunktthema „Betriebliche Erstausbildung und Berufliche Weiterbildung" auseinandersetzen. OSZ-Leiter Kranz erwartet zu diesen Veranstaltungen auch viele Gäste aus dem Bundesgebiet, so hat sich zum Beispiel der Vorstand der Industriegewerkschaft Bau-Steine-Erden angekündigt.

Natürlich sind auch interessierte Gäste willkommen, die keinen professionellen Bezug zum Thema haben. Nähere Informationen zum Programmablauf können telefonisch unter der Nummer 33 09 06-27 erfragt werden.　　　fk

HAVELLÄNDISCHE ZEITUNG
SPANDAUER ZEITUNG

SEITE 23
Sonntag, 25. September 1988

SPANDAUER VOLKSBLATT

Von Fuß und Klafter bis zum Meter

Ausstellung über die Geschichte des Vermessungswesens im Oberstufenzentrum Bau / Holz in Haselhorst

16 Männer drängen sich nach dem Kirchgang hintereinander, die linken Füße bilden eine Reihe. Mit einem Seil wird die Länge gemessen, viermal zusammengelegt zeigt das Seil den Durchschnittsfuß der Region an. Ein Metallstück in dieser Länge wird an der Kirche angebracht, nun gibt es eine verbindliche Einheit für Tischler, Landvermesser und Tuchmacher. So wurden im 16. Jahrhundert Maßeinheiten entwickelt. Das und anderes kann man bis zum 11. November in der Ausstellung „Es muß nicht immer Meter sein" erfahren. Gestern wurde sie im Oberstufenzentrum Bau/Holz an der Nonnendammallee von Volksbildungsstadtrat Sigurd Hauff eröffnet.

Zukünftige Vermessungstechniker wollen den Besucher in die „vormetrische Zeit" führen, ihm Klafter, Schritt, Fuß und Elle nahebringen. Messen heißt vergleichen, aber womit verglichen wurde, wandelte sich stetig. „Ich könnte auch ihre Nase mit meinem Daumen messen, und dann darauf hoffen, daß sich mein Daumen als Maßeinheit durchsetzt" erläutert Oberstudienrat Jürgen Werth, der die Ausstellung betreut.

seine Größe auf vergilbtem Papier in preußischen Fuß und Zoll angibt.

Schulklassen aus allen Bezirken können die Ausstellung besuchen, es wird aber um Voranmeldung gebeten, damit Führungen organisiert werden können. (Tel.: 3 30 90 60 / Büro oder 33 09 06 44/45 / Jürgen Werth).　　　mah

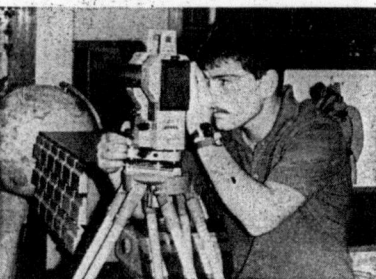
Auch modernes Vermessungsgerät wird gezeigt.　　　(Foto: Huff)

Das „Tor der Bauhandwerker" aus Holz, Stein und Metall vor der 1988 bezogenen Otto-Bartning-Schule an der Nonnendammallee. Fotos: Baecker

Otto-Bartning-Schule
erhält neuen Namen

Spandau. Etwas sperrig klang der Name ja immer: Oberstufenzentrum (OSZ) Bautechnik/Holztechnik, Berufsfachschule und Fachoberschule. Aber den Namen gebrauchten die Spandauer sowieso nicht. Für sie hieß die Baufachschule auf der Zitadelle und später der OSZ-Neubau an der Nonnendammallee 140-143 immer Otto-Bartning-Schule. Damit soll nun Schluß sein.

Aber die Zahl derer, die sich gern an den Schiffszimmermann, Kirchenbaumeister und Präsidenten des Deutschen Architektenbundes erinnern, ist groß. Nach Kriegsende gründete er für die angehenden Architekten der Hochschule für Bildende Künste in Tiergarten eine „Arbeitsbauschule", die 1949/50 als Fachoberschule auf die Zitadelle umzog. Dort wurden in der einzigartigen Produktionsschule die wichtigsten Rekonstruktionen für das Charlottenburger Schloß und die Zitadelle von den Schülern hergestellt.

Die Bogenmauern sind ebenfalls Schüler-Arbeit.

Mit dem Umzug an die Nonnendammallee 1988 begann die Diskussion um einen neuen Namen. Das OSZ vereinte nun Lehrer von der Peter-Lenné-Schule in Zehlendorf, der (Hans-)Poelzig-Schule in Wedding und der Otto-Bartning-Schule, die ihren Namen überleben sehen wollten.

Der zuständige Schulrat Christoph Hasper gibt die leidige Diskussion verkürzt wieder: „Für keinen der drei Namen gab es eine Mehrheit. Nach der Reform des Berliner Schulwesens kann sich jede Schule Programm und Namen geben. Das OSZ hat sich der Denkmalpflege und der Bauwerkerhaltung verschrieben. Deshalb sollte der neue Namen an einen hervorragenden Baumeister erinnern."

Schinkel und Scharoun standen zur Debatte schließlich entschied sich die Schulkonferenz am 15. Juni für den Baumeister Friedrich des Großen, Georg Wenzeslaus von Knobelsdorff.

Zur Feier des 50jährigen Bestehens der Otto-Bartning-Schule in Spandau wird am 24. September also die Umbenennung in „Knobelsdorff-Oberschule" erfolgen. Manfred Kranz, der schon bei Bartning lernte, von 1972 bis 1992 Schulleiter war, wird dabei auch aus der Historie erzählen. *bae*

BM 23.09.99

Der Lotse geht von Bord

Während er fürs Abitur büffelte, lernte er Anfang der 50er Jahre in der Otto-Bartning-Schule auf der Zitadelle Betonbau, kehrte 1957 als Berufsschullehrer zurück, wurde 1973 Schulleiter. Manfred Kranz hat sein Leben der Jugend verschrieben.

„Pessimismus ist keine Haltung", lautet eine seiner Maximen. Und obwohl er dagegen war, daß die Otto-Bartning-Schule die Zitadelle räumen sollte, war er in der Planungsgruppe für Hanna-Renate Lauriens Berliner OSZ-Programm, gestaltete den Neubau an der Nonnendammallee 140–143 fachkritisch mit. Kürzlich mußte die Baufirma für vier Millionen Mark Fassadenteile erneuern. Denn: 1985 hatte sie auf Kranz' fachmännischen Rat nicht hören wollen.

Nüsse hat der Querdenker selbst reichlich geknackt: In Bonn half er, Curricula für das Berufsfeld Bautechnik zu entwickeln, nahm als Kommissions-Vorsitzender Studienrats-Prüfungen für technisch-wissenschaftliche Fächer ab, entwickelte der Gesellschaft für technische Zusammenarbeit die duale Berufsausbildung für den Jemen. Daneben verfaßte er noch 16 Fachbücher und Veröffentlichungen.

„Der verdient die Jugend, der einen Plan hat für ein sinnvolles Leben", heißt so eine dicke Broschüre, in der er humorvoll-kritisch den Arbeitsalltag „seiner" berufsbildenden Schule bespiegelt. Und auch das hat er bewirkt:

Neben der Vermittlung handwerklich-technischer Fertigkeiten gelang es, den Gemeinsinn der Schüler zu wecken. Regelmäßig helfen Gruppen in ihren Ferien bei der Restaurierung einer Burg an der Rhone, im KZ Mauthausen, beim Museumsbau in Lidice, beginnen mit einer Partnerschule in Breslau den Bau einer Begegnungsstätte in Kreisau.

Laufen diese Projekte auf freiwilliger Basis, zog Kranz für das „Learning by Doing" reale Bauaufträge an Land, gegen die – er vermerkt es dankbar – die Bauindustrie niemals wegen Geschäftsschädigung protestiert hat: die Holzbauten bei der Restaurierung von Schloß Charlottenburg und Zitadelle, Stahl und Betonbau für das Palas-Foyer, außergewöhnliche Kitas, u. a. in der Belziger, Hammerstein- und Hannemannstraße sowie die holländische Bockmühle im Museum für Verkehr und Technik.

Mit großem Engagement beteiligen sich die mehr als 3000 Berufs- und Fachoberschüler sowie 200 Lehrer am „Brückenbau nach Santiago", einer internen Verkaufsaktion von Bausteinen. So kamen für das SOS-Kinderdorf in Santiago de Chile seit 1979 schon 21 150 DM zusammen.

Kranz verläßt die Schule in einem spannenden Moment: In Treptow ist die Filiale „Holztechnik" auszubauen, in Weißensee wurde Richtfest für die „Bautechnik" gefeiert. Das muß nun Stellvertreterin Heike Amme zuende führen.

Berliner Morgenpost, 20.12.1992 - Brigitte Becker

Holz & Handwerk

BAUVORHABEN UNSERER KUNDEN

Viel Prominenz bei Gatower Mühlentaufe

Mehr als acht Jahrzehnte ist es her, dass Gatow durch einen Brand seine Mühle verlor. Nach achtzehn Monaten Bauzeit konnte nun die Fertigstellung ihrer Rekonstruktion gefeiert werden.

mittel eingeworben. Daran und an andere behördliche und organisatorische Schwierigkeiten, die für das Projekt aus dem Weg geräumt werden mussten, erinnerten die Festredner, unter ihnen auch der Leiter des Oberstufenzentrums (OSZ) Bautechnik, Klaus Giesert. Zimmerer-Lehrlinge des OSZ hatten die Gatower Bockwindmühle aus Originalteilen einer Prignitzer Mühle und neuem Holz wieder auferstehen lassen.

In Anwesenheit zahlreicher Gäste, die der Einladung des Vereins HISTORISCHES GATOW E.V. gefolgt waren, wurde Anfang September in einem Festakt das alte und neue Wahrzeichen des Dorfes durch den Spandauer Bezirksbürgermeister Birkholz und Klaus Wowereit getauft.

Bereits vor vier Jahren hatte sich der Regierende Bürgermeister Berlins auf Bitten des Vorsitzenden des Vereins HISTORISCHES GATOW E.V., Ulrich Reinicke, für die Finanzierung des Mühlenprojekts eingesetzt und zusätzliche Lotto-

Gatower Mühle als Symbol guter Zusammenarbeit

Zimmermeister Wellner lobte die Zusammenarbeit zwischen Holz Possling und Handwerk und hofft zukünftig auf viele interessierte Besucher „seiner" Mühle. Wir bedanken uns bei ihm und Ulrich Reinicke für das entgegengebrachte Vertrauen und wünschen den Auszubildenden des OSZ Holztechnik einen erfolgreichen Start ins Berufsleben.

Informationsschrift
der Firma Holz-Possling

„Glück ist Folge einer Tätigkeit"

Aristoteles soll sich so vor 2000 Jahren geäußert haben. Diese Meinung vertrete ich auch. Doch um eine gewünschte Tätigkeit auszuüben, muss man Glück haben. Zur Ausbildung als Zimmerer bewarben sich allein an meiner Berufsfachschule 250 Jugendliche, davon bekamen 25 einen Ausbildungsplatz. Zwei davon waren Mädchen, eine davon bin ich. Wir beide wussten, worauf wir uns eingelassen hatten. Man hatte uns auf körperlich schwere Tätigkeiten hingewiesen. Nach meiner Abschlussprüfung in einem Vierteljahr werde ich in diesem Beruf weiter arbeiten und dann meine Meisterprüfung machen.

Kammrad in der Gatower Mühle

Ich will von einem Arbeitsprojekt berichten. Es hat mich fachlich und menschlich enorm weiter gebracht. Es geht um den Bau einer Bockwindmühle. Das Mühlenwesen gehört - wie die Erfindung des Rads - zu den frühesten Errungenschaften der Menschheit. In unserem Dorf gibt es einen Windmühlenberg. Aus historischen Dokumenten ist zu entnehmen, dass auf ihm über Jahrhunderte ein Bockwindmühle stand. Die Überreste waren jedoch nur Trümmer und Schutt. Windmühlfreunde, Landeskonservator und Politiker wurden in einem Nachbardorf fündig. Sie kauften der Gemeinde die Überbleibsel einer Mühlenruine ab. Ich rümpfte die Nase, als ich das Sammelsurium sah. Mein Meister war ganz anderer Meinung. Auf einem Mühlenbasar fand er noch andere „Schätze". Nicht verwendbare oder fehlende Teile wurden von uns angefertigt.
Nachdem die Betonbauer vier große Blockfundamente betoniert hatten, gehörte

uns Zimmerern die Baustelle. Wie eine Fußballmannschaft schworen wir uns ein, unser Bestes zu geben. Ein Zeitplan wurde vorgegeben, den es einzuhalten galt. Unser Meister ist ein Mühlenexperte. Manchmal stellt er sich dumm: „Nun geht es darum, folgendes Problem zu lösen ...“ Dabei kann er die Antwort aus dem Ärmel schütteln. Durch Nachdenken sollen wir fachliche Probleme lösen. Die Arbeitsanläufe sind miteinander verzahnt, jede Arbeitsgruppe muss im Takt bleiben. Stichwortartig zum Arbeitsablauf: Der Mühlensockel wird in Holz-Verbundweise hergestellt. Der lotrechte Eichenbalken, auf dem die drehbare Mühlenkappe ruht, hat einen Querschnitt von 60 x 60 cm. Bevor das mit Schindeln gedeckte Dach aufgesetzt wird, werden die schweren Getriebe- und Zahnräder mit einem Kran eingefahren. Zum Schluss werden die neun Meter langen Flügel montiert.

Am Tage des Richtfestes und der Einweihung wird die Mühle in den Wind gedreht. Mit einigen Kameraden stehe ich im Innern. Plötzlich stellen wir fest, dass sich Getriebe und Zahnräder anfangen zu drehen, erst ganz langsam, dann immer schneller. Gleichzeitig schwillt das Mahlgeräusch der Steine an. Der Bock gerät in leichte Schwingungen. Unser Inneres schwingt mit, wir reißen die Arme hoch, wir haben es geschafft, unser Jubelschrei dringt bis nach unten, wo die geladenen Gäste dem Festakt beiwohnen. Unter ihnen steht unser Meister. Er lacht laut und klatscht in die Hände.

Ich bin unglaublich glücklich. Ich stimme dem alten Griechen zu: Eine erfolgreich abgeschlossene Arbeit, die Anerkennung findet, steigert auch mein Selbstwertgefühl bis ins Glücklichsein!

„... und die Uta aus Naumburg, siehe! Sie lächelt nach uns.“

Eine Kopie der Uta aus dem Naumburger Dom schmückt die Bibliothek des OSZ.